게으릴 잘했다

게으릴 잘했다

이후숭 수필집

부나비

문밖으로

　　별 다방 구석에서 삼 년을 보냈다. 고정석이 되어버린 기둥 옆 내 자리 한 시 반 방향엔 별 달린 왕관을 쓰고 꼬리를 요염하게 양쪽으로 들어 올린 인어 모습의 긴 머리 여자가 그 긴 시간 꼬박 나를 쳐다보고 있었다. 2천 살은 족히 됐을 그리스신화 속의 그녀가 말을 걸어온 적은 없다. 다만 이 마녀는 뭔 의미인지 누구에게인지 알 수 없는 희미한 미소를 늘 흘리고 있었다. 그러거나 말거나 나는 상아색 노트북 자판을 두들기며 놀았다.

　　컴퓨터 속 깊숙이 묵혀둔 채 가끔 몰래 끄집어내 만지작대던 마흔한 편의 졸작을 세상으로 내보낸다. 철들 무렵부터 귀에 못 박히도록 들어온 얘기들, 올해보다 더운 여름 없었고 요즘 세대보다 싹수없는 애들 본 적 없으며 그때가 차라리 좋았다는 말이

나를 향한 경구(警句)는 아니었는지. 원고를 마무리하면서 떠오른 생각이다. 첫 출간의 설렘보다는 가뜩이나 복잡한 이 세상을 더 어지럽게 만들면 어쩌나, 슬쩍 조바심이 앞선다.

주제에 따라 다섯 개의 소제목으로 나눴고 소제목마다 여덟 개의 글을 담았다. 여섯 번째 에필로그의 글을 책 제목으로 뽑은 이유는 그곳에 내가 바라는 삶의 방식이 담겼기 때문이다. 골라놓고 보니 대부분 서정적인 글, 사회적 관심사나 정치적 도덕적 철학적이며 세계사적인 이슈는 상대적으로 적다. 문학이 꼭 그래야 한다고는 생각하지 않는데도.

세상을 이념이라는 잣대로 가르고 잘라내는 글쓰기가 거북했다. 예술성이라는 여과 과정 없이 설교식으로 쓰기는 더욱 싫었다. 문학의 순수성을 덮어두고 정치 사회적 역할과 기능을 토로할 자신감도 턱없이 부족했다. 감성과 사상의 경계를 허물고 싶다는 과한 욕심을 접을 수밖에 없었다. 갈고 다듬는 작업, 왜 그래야 하는지 이유가 분명해졌고 이제부터 써야 할 글의 방향도 잡힌 듯하다. 더 솔직히 얘기하자면 그런 화두를 용기 있게 글로 써낼 엄두조차 내지 못했던 원인의 큰 부분이 게으름을 빙자한 나의 용기 부족이었다는 점, 욕먹어 싸다.

그렇게 정리된 글이 이번 책으로 나오기까지 내 등 뒤에는 따듯한 기대와 격려로, 때로는 날카로운 비판과 질책으로 모자람을 일깨우던 문우 선후배와 스승이 여럿이었다. 여기 일일이 열거하지 못한 문학 관련 단체와 모임, 짓궂은 친구들 그리고 고비 때마다 나를 추스를 힘의 근원이 되어주신 내 삶의 영원한 길잡이 아버지께도 감사 인사를 드린다. 절치부심 끊임없이 노력하겠다는 각오를 덧붙인다.

2023년 9월 하늘 무지 파란 날 오후
사음동 별 다방 창가에서
이후승 씀

참 두릅이 쑥쑥 오르던 4월 봄날, 한참 더 커도 모자랄 손톱 크기의 새순을 누군가가 단 한 개도 남기지 않고 죄 따갔다. 혹시? 워워, 그만~. 속상해도 내 게으름 덕에 즐거웠던 사람이 있을 거 아냐. 인심 한 번 오지게 썼다고 쳐요. 그럼 됐지. 게으르길 정말 잘했다니까.

이후승 수필집

게으길 잘했다

차례

문밖으로 … 4
게으름의 미학—이후승의 수필 세계 | 한혜경 … 265

1. 뿌리

돌아가다 … 14

구렁재 신화 … 21

재실 고모 … 27

종부(宗婦)와 종손(宗孫) … 32

구봉산 종점(終點) … 37

이제는 부모를 버려야 한다 … 44

미안해요 … 51

비밀(祕密) … 57

2. 그때 거기

찬란한 외출 … 64 | 학교 가는 길 … 70

염소 똥 반찬, 깜장 색 얼굴 … 77 | 박카스 선생님 … 83

갈증(渴症) … 88 | 그해 겨울, 미운 햇살 … 96

꽃들의 아우성 … 103 | 여기나 거기나 … 109

3. 벌거벗은 초상(肖像)

갇히다 … 118 | 두고두고 아플 거면서 … 124

쑥대밭 위 부추꽃 … 128 | 거울 앞에서 … 134

쥔과 객(客) … 139 | 노랑보다 하양 … 145

파 빼기, 둘 … 150 | 꼬락서니하고는 … 155

4. 오가는 길에

서울 나들이 … 164

봄꽃보다 늦단풍이 … 170

그들도 추억할 수 있을까 … 175

소리 잡담(雜談) … 181

못난이 예찬 … 185

훔쳐 온 정원 … 191

겨울나기 … 197

전염병, 장마 그리고 옛사랑의 함수관계 … 203

5. 아날로그형 인간이 살아가는 방식

시래기 임자 … 212 | 공짜 있다 … 218

요즘 세상, 별 따기 … 223 | 눈은 구백구십 냥 … 229

기다림, 나에게 다가온 … 235 | 사과나무 아래서 … 241

원 플러스 원을 거부하다 … 247

흰 눈밭에 주홍 꽃이 … 253

6. 에필로그

게으르길 잘했다 … 260

단풍(丹楓)

초록에 반한 햇살이
비바람 속
천둥과 번개 불 아래
빨갛게 노랗게 익어가다 타버린 것
새봄을 기다리는 희망 같은 것

1.
뿌리

돌아가다

꽃상여가 물결처럼 출렁거렸다. 개미처럼 느릿느릿 기어갔다. '이제 가면 언제 오나, 훠이 훠이 훠~이…' 종구잡이가 선창하고 상여꾼이 그 말을 받았다. 길은 끝없이 길어졌고 곡(哭)은 후줄근히 늘어졌다. 눈 쌓인 언덕배기도, 가파른 비탈길도 잘만 지나던 상여가 멀쩡한 평지에 멈추고 때로는 뒷걸음질도 쳤다. 할아버지를 싣고가는 상여는 문중의 대종손으로 사람 좋은 한량으로 평생 유유(悠悠)자적하셨던 당신의 팔자걸음보다 훨씬 느렸다.

동짓날 저녁 이웃사촌이 보낸 팥죽 속 새알이 문제였다. 몇 수저 드시다 목에 걸렸다고 "임자, 물 좀…"이라는 한 마디가 할아버지의 생전 마지막 말씀이 되고 말았다. 칠순 상이나 받고 가시지 뭐 그리 급했느냐 혀를 차면서도 사람들은 할아버지의 부음을 호상(好喪)이라고 떠들었다. 경황없이 집안 어른을 보내야 했을 가족 친지의 아쉬움이야 있겠지만 병치레 없이 가서 본인의 고통이 줄었을 뿐 아니라 남은 가족도 편했다는 말이었다.

차가운 흙 속에 할아버지를 묻고 돌아오던 논둑길에서 누런 삼베 상복을 걸친 아버지에게 몇 번을 머뭇대다 여쭤봤다. 멋대가리라고는 서캐만큼도 없는 아버지의 평소 말투 그대로.
"아버지도 돌아가요?"
아버지는 눈 쌓인 들판 먼 곳을 한참 쳐다보더니 짧게 대답하셨다.
"늙으면 다 죽는다."
다? '왜요?'라 묻지 못했다.
금광에서 복사 가루 들이마시며 젊은 날을 보낸 아버지는 오십 줄부터 힘들어했다. 하나도 아닌 암 세 개가 동시에 아버지를 괴롭혔다. 돌아가시기 전 몇 년간은 병원을 들락거리느라 정신없었다. 집안에서는 지금도 두 분을 언급할 때마다 할아버지가 아버지보다 더 행복했다고 회고한다. 병치레를 겪지 않고 죽음을 맞는 것이 행복한 인생의 요건이 될 수 있다는 생각이 그때부터 움튼 듯하다.

쉰 초반까지의 내 생활은 숱한 해외 출장과 주재원 근무로 요약된다. 휴일이 따로 없었고 공항 검색대를 내 집 대문처럼 드나들었다. 서류 가방에 넥타이 차고 비행기 트랩을 오르는 비즈니스맨이 꿈이던 시절, 그러나 입사 여섯 달 만에 떠난 첫 해외 출장에서 만사 겁 모르고 덤벼들던 청춘은 세상이 생각만큼 녹록하지 않다는 사실을 몸소 깨달았다.

내 덩치보다 큰 짐 보따리 챙기는 일이 주 업무였고 비좁은 좌석에 움츠려 청하던 새우잠, 도착지 입국심사장부터 꽉 막히던 입과 귀 그리고 적응할 만하면 떠나야 하는 나그네 신세… 미리 준비한 본보기 상품을 거래처에 내려놓고 빈손으로 돌아올 때마다 허전했다. 빠진 것은 없나, 일은 마무리되었는지, 가야 할 곳으로 가고 있는지조차 가끔 혼란스러웠다. '떠나다'와 '돌아가다'라는 낱말의 경계마저 때로는 흐릿했다.

초상 치르러 가는 여행이 즐거울 리 없는 비행기 안에서 여섯 살 큰애만 신났다. 서울에 다녀온 지 며칠 만에 비행기를 다시 타게 됐고 자리에 앉자마자 승무원 누나가 장난감을 갖다 줘 싱글벙글했으며 소고기와 닭고기 중에서 하나만 골라야 하는 고민 앞에서도 입은 함지박만 해졌다. 푹신한 빵 속에 버터와 잼까지 두텁게 발라 먹어치우고는 배를 두드리며 해맑게 끅끅댔다. 세상 걱정 모르던 그 시절로 나도 다시 돌아갈 수 있다면….

사람 북적대는 장례식장 복도와 영안실이 아이들에겐 놀이터였다. 사방으로 달음박질치는 꼬마를 번번이 타이르기도 귀찮았다. 다들 지쳐 잠잠한 새벽녘, 큰애가 졸린 눈으로 다가와 할아버지를 찾는다. 영정 아래 棺(관)을 눈짓으로 가리켰다. 영구차로 시신을 옮기기 시작하자 애가 또 묻는다.

"아빠, 하부지 저기 있어요?"

"그래, 돌아가셨다."

'왜요?'라고 질문을 할까 봐 잠깐 긴장한다. 제대로 답할 말도 자신도 없다.

下棺(하관)이 시작되고 여기저기서 곡하는 소리가 들렸다. 어른들이 반 삽씩 관 위에 흙을 뿌리자 아이가 내 바짓가랑이를 움켜잡고 펄쩍펄쩍 뛰었다. 장지까지 왜 어린애를 데려왔느냐고 어른들이 야단을 쳤다. 안 된다고, 숨 못 쉰다고, 하부지 죽는다고 관을 꺼내라던 여섯 살 꼬마는 마침내 땅바닥에 털썩 주저앉아 꺼이꺼이 울었다. 며느리들의 마른 곡(哭)보다 처량했다.

일 년이 후딱 지났다. 첫 기일, 아이는 한 해 전 일을 다 까먹

었는지, 아니면 죽음이라는 의미를 자기 방식대로 웬만큼 이해했는지 하는 짓이 많이 달라졌다. 무덤 앞에서 안녕하시냐 안부를 묻고는 자기도 한 잔 따라드리겠다며 막걸리 통을 들어 술잔을 가득 채웠다. 꼬마를 데리고 주변 선대 묘역을 한 바퀴 돌았다. 조상들께서 옹기종기 모여 있는 모습을 둘러보던 아이가 중얼거린다. 돌아가면 다 여기로 오네.

산에서 내려와 논두렁으로 접어들었다. 이십여 년 전 이곳에서 아버지와 나눈 대화를 알 리 없는 꼬마가 느닷없이 아빠도 돌아가느냐고 묻는다. 늙으면 다 죽는다던 아버지의 말씀이 혀끝을 맴도는데 뭣 때문인지 망설이며 묻지 못한 '왜요?'라는 질문을 이 아이는 바로 던진다. 다른 사람들이 같은 장소에서 다른 시간에 같은 얘기를 나눈다는 사실이 놀랍다. 사람이 왜 죽는지 여쭤볼 아버지는 곁에 없고 그의 아들은 그걸 핑계 삼아 입을 굳게 닫는다.

아버지는 그때 눈 쌓인 논바닥으로 고개를 떨구셨고 지금 나는 금방이라도 빗방울 뿌릴 듯 흐린 하늘을 올려다본다. 내 생명 다한 뒤에야 그 침묵의 실체를 알아챌 꼬마가 문득 걸음을 멈추고 산 중턱 아버지의 묘터로 눈을 돌린다. 떼가 잘 자라지 못해 엉성한 무덤 머리가 나도 내내 걸렸었다. 겨울 오면 하부지가 춥겠다면서 꼬마가 고개를 끄덕거린다. 뭘 알겠다는 걸까. 동짓달 산바람이 차갑다. 아이 손을 끌어당겨 호주머니 속으로 집어넣었다. 작다. 포동포동한 다섯 손가락이 손바닥 안에서 꼼지락거린다. 애가 커간다.

구렁재 신화

해 질 무렵 가까워서야 아버지는 느지막이 집을 나선다. 특별한 날에만 가끔 입는 단벌 양복 차림이다. 구겨진 재색 상 하의가 후줄근하고 넥타이도 칙칙하다. 지난밤 아버지가 늦게 돌아오시면서 집안은 술렁대기 시작했다. 가까운 일가 한 분이 돌아가셨다고 얼핏 들었다.

폐병으로, 무장간첩이 쏜 총에, 굴이 무너져, 태풍과 장마에 휩쓸려, 깨알같이 많은 이유로 죽은 사람들 얘기가 심심하면 들려왔다. 죽음이란 때 되면 찾아오는, 사람이 피해갈 수 없는, 밥 먹고 잠자는 것과 다름없는 일이었다. 하루 이틀 지나가면 상여가 나가겠거니, 초상나면 으레 그랬듯이 식구들 앞서 아버지 따라 출발하려니 어림잡고 있었다. 엄마가 장롱을 뒤적여 지난 추석 때 입었던 새 옷을 내놓았다.

　백 리 넘는 곳, 낭떠러지 옆의 좁은 샛길과 나뭇가지가 머리 위로 늘어진 황톳길을 버스는 천천히 움직인다. 이따금 차창 멀리 불빛이 지난다. 쏟아지는 잠을 이기려고 눈을 부릅뜨기 몇 번, 덜컹거리며 달리던 버스가 희미한 갓등 아래 낯익은 장소에 브레이크 소리 요란하게 멈춰 선다. 정류장 앞 하꼬방이 나를 기다린다. 대뜸 반가운데 이상하다. 거기서 늘 뒷짐을 지고 아버지와 나를 기다리던 할아버지가 없다.

　예전엔, 별로 친해 보이지 않는 아들과 그저 까딱 인사만 나눈 할아버지가 가게로 손자를 데려갔었다. 오꼬시(밥풀과자), 똑같은 그 과자를 딱 한 봉지만 집어주었다. 불빛 아래 저만치 떨어져 있던 아저씨 하나가 가게 안을 흘깃거렸었고. 할아버지 가는 곳에 웬만하면 나타나던 그를 사람들은 창새기(창석이)라 불렀다. 어릴 때부터 입이 터지지 않은 채 그때껏 혼자 사는 집안 먼 친척이라고 했다.

　덩치 큰 세 살배기 애처럼 고함지르며 날뛰던 그가 무서웠다. 시골집에 도착해서 창새기가 나타나면 안채 깊숙한 방에 들어가 문고리를 걸어 잠갔다. 동네에서 그는 식구나 다름없었고 아무도 나처럼 무서워하거나 싫어하지 않았다. 할아버지가 사준 오꼬시를, 어른들이 나한테 묻지도 않고 그에게 건네주는 것도 언짢았다. 암만 저래도 사람 하나는 착하다는 할아버지의 다독거림이 귀에 들어오지 않았다.

버스를 내린다. 할아버지 없는 버스 정거장이 썰렁하다. 한 번도 그런 적 없는데, 어디 아프신가. 아버지에게 물으려다 관둔다. 말없이 길 건너 두리마을 입구로 성큼성큼 걸어가는 아버지를 총총걸음으로 따라가다 문득 알아챈다. 어버버 창새기까지 없다. 두 사람이 한꺼번에 보이지 않는다.

어릴 적부터 아버지 따라 집안 행사 때마다 오가던 길이다. 낮이면 괜찮은데 밤에 도착할 때가 문제였다. 아비지 큰 걸음에 뒤처지지 않게 달리다시피 쫓아가곤 했다. 끌려간다는 말이 어울렸다. 어둡고 가파른 언덕길은 으스스했다. 겨울철엔 어둠 속 찬 바람 소리가 오싹했으며 여름이면 구슬프게 울어대는 새소리가 무서웠다.

한두 번 오는 곳이 아니련만 마을 입구에서부터 두근거리기 시작한 새가슴은 구령재 위에 뱀처럼 똬리를 튼 고목을 만나면서 갑갑해졌다. 한 손으로는 아버지의 손을, 다른 손으로는 아버지의 바짓자락을 붙잡았다. 구렁이처럼 구불구불한 언덕이라 구렁재인지, 커다란 고목이 언덕에 구렁이처럼 떡 버티고 있어 구렁재인지 알 수 없다. 이래저래 구렁재는 끔찍한 언덕이었다.

 귀신이라는 것이 없는 줄 알 나이가 되고도 나는 구렁재가 줄곧 싫었다. 묵묵히 걷고 있는 아버지에게 작은 말 샛길로 돌아가자고 여러 번 징징거렸으나 아버지는 예나 게나 똑같다고 하셨다. 내가 쫑알대서 귀찮았던지 하루는 아버지가, 그리로 가면 상엿집이 나온다며 말문을 막았고 더럭 겁이 난 나는 두 번 다시 그 얘기를 꺼내지 않았다.

 구렁재를 지나 내가 아버지 앞으로 나선다. 뛰듯이 걷는다. 귀신은 뒤쪽의 아버지 몫이고 나는 마당 가운데 불빛이 환한 시골집을 바라보며 편안하다. 무서운 것 하나는 아직 남았지만 그건 나중 일, 언덕을 펄펄 뛰어 내려간다. 마당 복판에 커다란 천막 기둥이 서 있고 기름 등이 사방을 밝게 비춘다.

 지지미, 고기와 술 냄새가 익숙하다. 그제야 누군가가 돌아가셨다는 걸 실감하면서 대청에 걸터앉는다. 이런 날 빠짐없이 서성대는 창새기가 보이지 않아 다행이라 생각하는 순간 그가 문앞에 나타났다. 오꼬시 봉지를 손에 들고 침을 질질 흘리면서 마당 안으로 들어온다. 신발 한 짝은 또 어디 두고 다니는지….

문지방 지나 대청을 넘어 골방 안에서 뒤를 돌아본다. 창새기의 이글거리는 두 눈이 나를 쫓아오고 있다. 방향을 돌려 다락방으로 뛴다. 그가 따라온다는 무서움에 더해 구렁재를 넘던 때의 두려움까지 곱으로 밀려온다. 감기가 왔는지 열이 오르고 어지럽다. 창새기가 나 숨은 곳에 금방 도착할 텐데 나는 벽 구석에 머리를 처박고 꼼짝도 하지 못한다. 이게 제발 꿈이기를. 눈을 감는다. 그가 나갔는지 어쨌는지 모른다. 기운이 쏙 빠지면서 잠이 몰려왔다.

눈이 떠졌다. 환한 햇살이 비스듬히 다락방을 비집고 들어와 구렁재의 고목이 구렁이 아닌 보통 나무로 보이고 새들의 재잘거림이 더는 귀신의 울음으로 들리지 않는다. 밖으로 통하는 다락방 쪽문으로 엉금엉금 기어간다. 동네 어른들이 마당에서 부산하게 움직이고 있다.

"하라부지는 오됬대유?"

마당 절구통 앞에서 위를 올려다보는 할머니 표정이 곱지 않다.

"애비 아니고? 게서 잔겨? 새복 댓바람부터 철딱서니 없이 뭔

할배 타령이라니."

　창새기, 오꼬시, 할아버지, 다락방 등 여러 가지가 머릿속에서 떠돌기 시작한다. 뭔가 줄곧 빠져있었다. 알 듯 말 듯 희미한 어떤, 할아버지? 오꼬시 봉지가 발끝에서 바스락거린다. 뜯지 않은 봉투로 봐서 내 것이 맞다. 봉투를 손에 들고 다락방을 내려왔다. 할아버지가 안 보인다. 아버지한테 물으면 알 수 있을 것, 대문 밖으로 뛰어나간다.

재실 고모

　방학 때면 고모 집에 갔다. 여덟 살 남짓 나는 한 시간 가까이 산길 걷기가 내키지 않아도 못 이기는 척 따라나서곤 했다. 할아버지 집에 죽쳐본들 하루 이틀 지나면 달리 즐거운 일도 없었다. 실제로는 누나가 미끼처럼 던지는 한마디 때문이었다. "고모 집에 가면 먹을 게 많아, 무지무지." 부자 고모네, 부자라는 낱말 속에 숨어, 아플 일 전혀 없을 것 같던 고모의 속내를 어린 그 나이에 알 리 없었다.
　할아버지네 두리에서 고모 사는 재실까지 가려면 큰 언덕배기 두 개를 넘어 한 시간 정도 걸어야 했다. 소금장수가 지게 위에 소금을 지고 가다 발을 헛디뎌 낭떠러지 아래로 떨어져 죽었다는 고갯마루에서 마음을 다잡는다. 지나는 사람 없고 산새 소리

가끔 들리는 산 중턱 샛길은 갈 때마다 무서웠다. 언덕 꼭대기에 올라 뒤를 바라보며 길게 숨을 내뱉는다.

첩첩이 늘어선 산등성이를 지나 죽 뻗은 내리막길, 한 길 양쪽으로 논과 밭이 죽 늘어선 마을이 재실이었다. 거기 보이는 모든 곳이 전부 우리 고모네 땅이며 산이랬다. 밭일하는 머슴과 품 파는 분들이 먼저 아는 체를 해줘 우쭐했다. 그게 재실 마을 최고 부자인 고모의 힘인 줄로만 알았다. 쟁연이네 땅을 밟지 않거나 품을 팔지 않고 사는 재실 사람은 없다고 들었으니. 주변에서는 고모를 쟁연이라 불렀다. 이상한 이름, 쟁연이!

고모의 손은 볼 때마다 흙과 먼지 범벅이었다. 그뿐만 아니라 치마저고리와 뺨까지 흙투성이였다. 검게 탄 얼굴 위에 흘러내린 땀방울이 흙과 섞여 고물이 되고 더덕더덕 말라붙었다. 쩍쩍 갈라져서 생채기 가득한 손은 고운 여자의 그것이 아니었다. 흰 천을 머리에 동여매고 밭에서 일꾼들과 섞여 일하던 고모의 모습이 지금도 생생하다. 언젠가 친정으로 보따리 챙겨 돌아온 고모를 돌아가라고 혼내던 할아버지가 왜 그렇게 매정해 보이던지.

사람들은 고모부를 한량이라 불렀다. 일하는 모습을 본 적 없다. 시원한 모시 적삼을 걸친 채 대청마루에 비스듬히 누워 담뱃대를 물고 때 되면 밥상이나 비우는 분 같았다. 고모 아닌 젊은 여자가 고모부 옆에 늘 함께였다. 나 모르는 여자가 어째서 고모 집에 있는지 궁금했으나 이를 입에 올리는 사람 없는 마당에 나서서 물어볼 수도 없었다.

내 새끼 왔다는 말로 고모는 입을 열었다. 금방 밥을 할 테니까 부엌 소쿠리의 옥수수와 고구마 먼저 먹으라 일러주고는 바깥으로 돌아나갔다. 고모 새끼, 재실에만 가면 난 고모의 예쁜 새끼가 되어 아버지와 엄마한테 미안해졌다. 내가? 정말 고모 새끼는 아닐 거라고 혼자 중얼거리곤 했으나 누구한테도 사실 여부를 확인하고 싶지 않았다. 그게 진짜일까 봐 겁먹었을지도 모르겠다.

손바닥 크기로 자른 무와 통째로 집어넣은 파가 커다란 가마솥 안에서 돼지비계 덩어리와 뒤섞여 둥둥 떠 있었다. 아침부터 끓이기 시작하면 냄새가 온 동네를 진동했다. 보리 한 톨 섞이지 않은 쌀밥 한 그릇이 내 앞에 놓였다. 우리 집에서는 별일 없는 한 아버지만 드시던 흰밥, 거기다 살코기 한 점 보이지 않아 돼지 냄새만 풀풀 날 것 같던 비계 덩이는 입에 쩍쩍 붙게 맛이 기막혔다. 고추장과 된장을 풀어 넣으면 덜 느끼하다고 고모가 알려주었다.

고모는 신기(神氣)가 있었다. 주위 분들이 그렇게 말했다. 툭툭 내던지는 말이 점쟁이처럼 들어맞았다. 그리고 수다스럽지만 수더분했다. 부잣집 아들이던 고모부는 가까워지기 어려운 분이었다. 왔다고 인사하면 고개를 끄덕여주는 정도였다. 어렸던 내가 뭘 알았을까만, 느낌이 그랬다. 성정이 불같고 고집이 세어 고모부를 말릴 사람 없었다는 얘기는 한참 자란 후에야 들었다. 고모의 불행은 그로부터 시작되지 않았을까 싶다.

술 한잔 걸치고 돌아온 아버지가 엄마에게 하는 말을 들으면서 두 분이 헤어졌다는 사실을 알았다. 하나뿐인 여동생이다. 아버지에겐 더욱 가슴 아픈 일이었으리라. 실은 그게 언제였는지도 정확하지 않다. 왜 그렇게 되었는지 지금에 와서 중요할 것도 없고, 삶이 원래 그런 건지, 우리가 삶을 살아가는 방법이 문제인지 미적분까지 복잡하게 연결된 고차 방정식 이상으로 어렵다.

아버지의 새끼가 아니면 어쩌나, 벅찬 고민을 안겼던 고모의 부고가 날아왔다. 오래전에 돌아가신 고모부와 막 세상을 뜨신 고모 간의 갈등이 시차를 뛰어넘어 여전히 존재하고 있었다. 고모부의 이름 석 자 옆도 안 가겠다고 못 박은 고모의 유언 때문에 사촌들은 의견이 엇갈려 고민 끝에 납골당으로 모셨다. 산다는 일, 쉽지 않다지. 남 말할 때가 아닌데.

　우리도 바빠졌다. 자질구레한 문제로 가끔 서먹서먹한 네 남매가 장례식장에서 멀지 않은 엄마한테 가자고 의견을 모았다. 자리를 지킨들 죽은 고모가 살아날 일 없을 테니 살아계신 엄마나 보러 가자고 뜻을 모았다. 어쩌면 오빠 없이 오랜 시간 혼자 힘들었을 불쌍한 자기 새언니 만나라는 오지랖 끝판왕 고모의 배려였을까, 때맞춰 들이닥친 성가대 교우들이 연도 미사를 시작했고 우리는 패잔병처럼 슬그머니 장례식장을 빠져나왔다.

　마리아 쟁연(정연)이 굴곡 많았던 삶을 마감하고 세상을 떠난 날 우리는 또 다른 이유로 허탈했다. 다음 차례, 고모의 부음을 들으면 난리 칠 우리 엄마. 도대체가 버릇이 없어도 유분수지 젊은 것이 먼저 가는 게 어디 법도냐면서 눈곱만큼도 안 슬픈 척 욕지거리 한바탕 내지를 게다. 그러면서 퍼부을 눈물 바가지. 그날 밤 우리는 고모가 돌아가셨다는 말을 끝내 꺼내지 않았다. 추석 지나고 보름 남짓, 엔간히들 떠드네. 그만 자래두! 엄마의 잔기침 섞인 성화쯤 아랑곳없이 달빛 잦아진 하늘에서 별빛이 밤새도록 쏟아졌다.

종부(宗婦)와 종손(宗孫)

첫째와 둘째가 이른 새벽 시골집을 향해 고속도로를 달린다. 지난 며칠 엄마는 밤낮없이 자식들에게 전화를 걸어 성화를 부렸다. 보고 싶다는 말이고 지금쯤은 찾아가서 달래드려야 한동안 잠잠하다. 언제부턴가 우린 내려간다는 사실을 엄마에게 알리지 않고 떠난다. 깜짝 방문으로 엄마를 즐겁게 하려는 의도가 아니다. 출발하기 전부터 엄마가 전화를 걸어 언제 오느냐는 질문을 반복하시기 때문이다.

차 시동을 끄기도 전에 엄마는 방문을 열고 나온다. 전혀 반갑지 않은 척 시큰둥한 투로 마지막 우리를 봤던 이후 줄곧 가다듬었을 환영사의 포문을 연다. "기름값 비싼데 뭐 하러 왔어? 아픈 데 없고? 그래, 몸 건강하면 된다. 배고프지? 금방 쌀 안쳐

밥 먹자." 딸들 앞이면 입에 올리지도 않을 말을 사내애들 왔다고 부산을 떤다. 엄마의 딸 아들 차별은 그 역사가 깊다. 당신은 아니라 하지만 아들인 내 눈으로 봐도 옛날이나 지금이나 변함없이 똑같다. 지조라는 면에서 엄마를 이길 사람은 지구상에 없을 거라고 우리는 구시렁댄다.

  고기 먹지 못해 서러운 세상도 아니련만, 큰집 맏며느리, 더 크게는 왕손댁의 종부라는 명목상의 권위를 껴안고 살아온 엄마는 우리가 밥 한 끼를 대접해도 고기, 그것도 그 옛날 먹기 힘들었던 비싸고 귀한 소고기가 상에 올라야 한 끼니를 드셨다 하시고, 비린내 풍기는 생선, 몸에 좋다는 잡곡밥이나 채소 따위는 괭이 개 보듯 한다. 밥을 짓겠다는 엄마 얘기는 오일장 맞듯 그저 히는 치레일 뿐, 소고기를 드셔야 결국 우리가 편하다. 밖으로 나가봤자 먹을 것 없다며 쌀밥에 된장찌개 끓여 밥 먹자는 엄마 말을 그대로 따랐다가 낭패 본 적이 어디 한두 번이었나. 어느 틈에 외출복을 챙겨 입은 엄마가 먼저 밖으로 나선다. 노인네들 느려터졌다고? 최소한 우리 집에서는 틀린 말이다.

  육십 무렵까지 엄마는 '세종대왕의 넷째 아들 임영대군'이 우리 시조 할아버지라는 말을 입에 달고 살았다. 어려운 집안에서 못 배우고 자라 시집온 엄마에게 종부라는 위치는 다른 것으로 대체 불가한 자부심이자 명예였다. 문종과 단종, 수양대군과 안평대군 등은 엄마의 관심사가 아니었다. 종부로서 족했다. 600여 년 세월을 지나 어느 시점에선가 방계로 흐른 가계도는 적통 종손 위치로부터 궤를 벗어났고 족보상 임영대군의 18대손인 아버지는 20여 년 전 세상을 떠나셨다. 어머니는 노인성 치매를 앓고 계신 평범한 할머니다.

켜켜이 흘러간 세월 따라 이젠 훌륭할 것, 자랑할 것 없는데도 남들이 알아주지 않는, 종부로서 존중받지 못한다는 분노의 감정을 눌러 담고 산다. 자랑거리 많지 않은 엄마에겐 종부라는 타이틀 자체가 자부심이자 최고였으나 권위란 본인 주장이 아니라 타인들의 보편적 인정이 먼저인 법, 엄마의 후천적 아픔은 거기서 시작된 듯하고 원체 괄괄한 엄마의 성정이 이를 부채질했을 것이다.

우리는 엄마의 불같은 한 마디에 가슴이 타고, 투정 보따리에 혈압이 오른다. 받아주지 않는 자식들이 불만인 엄마의 반격은 후비듯 날카롭다. 꼬박꼬박 찾아와 설거지와 청소는 물론 다리도 주물러 주고 집안의 허드렛일까지 처리해주는 도미(도우미, 어머니는 도미라 발음한다)가 자식들보다 백번 낫다는 한마디로 우리를 좌절시킨다. 아랫마을 사는 친구네 딸은 일주일에 한 번씩 찾아와 100만 원씩 용돈을 준다며 며느리와 사위까지 들들 볶는다. 웃어넘길 일을 가지고 속 끓이는 우리가 못 나긴 했다. 생각해보면 섭섭함과 외로움으로 도배된 허전함을 추슬러 보려는 엄마 나름의 방법이었던 것일까. 잘난 얼굴 잠깐들 내밀고는 지네 자리로 훌훌 돌아갈 철새 같은 새끼들 앞에서.

시골 읍내 한우 마을, 가끔 들르는 정육점 식당에 종부와 장손이 나란히 옆으로, 둘째는 건너편에 마주 앉아 있다. 종업원에게 가위를 요청한 첫째가 갈빗살을 도려내기 시작한다. 엄마는 자기 갈비탕 속 통갈비를 큰아들 접시로 던지다시피 올려놓는다. 큰애가 알아챌 때까지 엄마는 같은 행동을 계속한다. 입맛이 없으니 너나 많이 먹으라는 엄마를 쳐다보며 장손은 발라낸 고기를 다시 넘겨준다. "되게 질겨, 오물오물 꼭꼭 씹어 드세요." 갈빗대는 큰애 밥그릇으로, 발라낸 갈빗살은 엄마의 그릇으로 옮겨가는 도중 두 사람 간에 가볍게 실랑이가 벌어진다. 둘째인 나로서는 조곤조곤 갈비를 발라주고 엄마의 비위도 잘 맞춰주는 형님이 있어 참 다행이다.

가문 내 종부의 위상이 땅바닥이던 시절을 겪어온 엄마와 차곡차곡 쌓인 그녀의 울분과 설움을 묵묵히 참아내야 하는 큰애가 서로 살살 달랜다. 자식들이 하는 짓거리가 마뜩지 않은 엄마와 이래저래 면목 없는 장남이 각자 방식대로 서운함과 안타까움을 삭이는 방법이다. 아흔 줄 종부는 아이들한테 해줄 것이 없어서, 칠십 턱 종손은 이것저것이 그냥 미안해서 계면쩍은 속내를 모르는 척 티격태격 서로 주고받는다. 그들의 가쁜 시간이 갈비탕 위에서 잠시 숨을 고른다. 세월이 잠시 멈춰간다.

구봉산 종점(終點)

　군청소재지까지 오가는 버스는 하루에 두 편 있었다. 그나마 눈비 몰아친 날엔 길이 막혀 오지도 않았다. 아치형 광산 정문이 길을 가로막은 종점은 도착 행렬의 끝이자 출발 여정의 시작이었다. 막다른 골목처럼 꽉 막힌 곳, 낮은 산자락이 회색빛 광산 뒤에 서 있고 정문을 지나 오른쪽 공터 한쪽에서 쇠갈고리로 묶인 짐칸 서너 량이 폭 좁은 철로를 달려 광부들을 굴 앞까지 실어 날랐다.

　잊을만하면 들려오는 갱도 매몰 사고가 막장 인부들의 목숨을 시시각각 위협했다. 뿌연 횟가루 뒤섞인 탁한 공기가 그들 폐속을 제멋대로 넘나드는 열악한 작업환경 탓으로 광산과 종점 모두 그들에겐 더 갈 데 없는 세상 끝이었다. 거기 어른들 십중

팔구는, 할 수만 있다면 언제라도, 도회지, 그것도 서울이라는 희망의 나라로 떠날 궁리를 허구한 날 신념처럼 달고 살았다. 아버지도 그중의 한 사람이었다.

매달 꼬박꼬박 지급되는 월급 덕분에 종점 앞은 막장 촌구석답지 않게 늘 활기가 넘쳤다. 병원과 약국, 푸줏간, 어물전, 잡화상점, 천막극장도 있었다. 교회와 다방, 선술집과 음식점, 철물점 등, 그 생동감의 중심이었을 광산 정문에서 길 건너 대각선 방향 양철지붕 잡화점이 자리한 버스 종점을 거기 사람들은 일본식 표기인 차부(車部)라고 불렀다.

구봉산 골짝 뒤쪽 외딴 마을 꼬마들이 떼 지어 차부 앞으로 놀러 내려왔던 토요일 오후, 고물 버스 한 대가 부릉거리며 떠날 준비를 하고 있었다. 동네 대장 형이 버스 꽁무니에서 쭈뼛대다 바퀴 자국 깊게 파인 잔설 위에서 뭔가를 주워 광산 옆 샛길로 튀었다. 사방으로 흩어져 얼쩡대던 애들이 영문을 모르면서 쫓아가고 빵집 앞을 하릴없이 서성거리던 우리 서너 명도 얼떨결에 뒤따랐다.

40원이 더 됐다. 차장 누나가 '오라이'를 외치며 버스 문짝을 닫는 순간 실수로 떨어뜨린 쪼글쪼글한 지폐 앞에서 다들 입을 떡 벌리고 감탄사만 연발했다. 그 돈을 뭐에 쓸 것인지 두 눈을 크게 뜨고 대장만 쳐다봤다. 형이 두세 명을 골라 차부로 내려 보냈고 나머지는 야산 중턱 큰 바위 뒤에 몸을 숨겼다. 내리쬐는 햇볕 아래 시간은 더디 갔고 아이들은 숨죽인 채 쌍둥이네 찐빵을 기다렸다. 눈치 없는 새들만 시끄럽게 울어댔다.

내 몫의 빵 하나를 주머니에 숨겨 썰매 가진 친구를 찾아갔다. 찐빵과 나를 번갈아 몇 번 쳐다보던 그가 썰매를 꺼내놓았다. 길게 잘린 벼 밑동이 얼어붙은 논바닥 위로 솟아올랐다. 썰매가 엎어져 얼음판 위에 나동그라지고 손가락이 얼얼해도 저녁나절 어스름이 내릴 때까지 막대질을 멈추지 않았다.

밤새껏 쌓인 눈이 귀밑까지 올라와 부엌문을 열 수도 없던 깜깜한 새벽, 나는 막무가내로 아버지를 졸랐다. '며가지가 부러져도' 남한테 아쉬운 소리 따위 절대 하지 않을 분에게, 철사 아닌 쇠날 썰매를 만들어 달라고 징징거렸다. 꼭두새벽부터 밥상머리에 재수 없다는 엄마의 지청구는 한 귀로 흘렸다. 아버지가 잘하는 영어 한마디, 오케이가 긴 침묵 끝에 아주 짧게 흘러나왔다. 방학이 시작된 날 아버지는 작지만 야무진 썰매를 작업복 윗도리에서 꺼내줬다. 부럽게 바라보는 친구들에게 선심 쓰듯 태워줬으며 얼음이 녹은 날이면 등짝에 둘러메고 온 동네를 보란 듯이 어슬렁거렸다. 어느 틈엔가 저만치서 봄날이 꼬물거렸다.

아랫마을 친구가 방학 중에 이사 갔다. 말없이 가버려 섭섭했어도 서울로 갔다는 사실은 부러웠다. 금(金)이 안 나와 광산이 문을 닫는다고 이집 저집 이사 가는 일이 광산촌 전체로 역병처럼 번졌다. 창경원 산다는 호랑이와 길거리 전차, 고운 피부 깍쟁이들 그리고 서울에서 일하다 잠깐 명절 쇠러 내려온 동네 누나 형들이, 꼭지만 비틀어주면 물이 펑펑 쏟아진다는 수도 이야기를 들려줄 때마다 부럽고 신기했다. 우리 집도 마침내 이사하게 되었다. 밤새도록 심지어 사나흘씩 굴에 갇혀 돌아오지 않는 아버지를 걱정할 필요가 더는 없었다.

이삿짐을 싸면서 알았다. 썰매가 없어졌다. 뒤지고 물어도 찾지 못했는데 서울로 간다는 사실만 신나서 촌 동네 장난감쯤이야 쉬 잊어버릴 수 있었다. 서울에 가면 나도 스케이트를 탄다고 친구들 앞에서 떠벌렸다. 끼죄죄한 광산촌은 이제 나와는 아무 상관이 없는 동네였다. 하굣길에 배고파 따먹던 아카시아와 산딸기 까마중도 미련 없이 접었다. 점심시간 내내 뜨거운 햇빛 아래서 찌그러진 공이나 죽도록 쫓아다니다 찬물 한 바가지 들이키고 책상 앞에서 병든 병아리처럼 꾸벅대는 것도 끝이었다. 서울만 가면 모든 게 달라진다고 믿었다. 내 앞에 펼쳐질 세상이 어떤 모습일지 하나도 모르면서 서울내기 다 된 듯 촌티를 지워보려고 안달했다.

사학년 여름방학, 새벽부터 푹푹 찌는 날 우리 식구 일곱 명은 똥통버스에 올라 서울로 출발했다. 회색빛 광산 자락, 얼굴 가득 버짐 핀 코흘리개들, 찐빵과 썰매, 시냇가 송사리와 개구리 그리고 들판의 꽃과 풀… 그 모든 것을 구겨 실은 고물차가 시커먼 연기를 내뿜었다. 흙먼지 풀풀 날리며 주정뱅이 옆집 아저씨처럼 비틀거린다. 차창 뒤로 종점이 천천히 멀어졌다. 눈앞이 흐릿했다.

그날 이후 오랫동안 나에게 구봉산 종점은 세상의 끝으로만 남아있었으나 사십 년 넘는 긴 세월은 나를 끊임없이 일깨웠다. 완벽하게 행복한 삶도 유별나게 불행한 인생도 없다고. 죽을 때 가져갈 것은 어린 시절부터 몸에 익은 꿈과 사랑뿐이라고. 광산촌 모든 것을 송두리째 팽개치고 떠나왔다는 죄책감이나 유년의 시린 기억을 돌아보기도 싫다는 비겁함 때문이었을까. 깊이 묻어둔 그리움을 애써 외면하며 종점 찾아가기를 한사코 망설였는데…

간밤 늦게 쏟기 시작한 함박눈은 동틀 무렵 멈췄다. 눈 덮인

구봉산이 비낀 햇살 받아 눈부시다. 나를 보낸 적 없는 종점을 휘 둘러본다. 사람이 없다. 건물도 길도 그리고 길을 막아선 광산 정문도 흔적만 어렴풋하다. 벌겋게 녹슨 양철지붕 건물이 차부 자리일 것이다. 그 뒤로 우뚝 선 교회당 종탑이 저 홀로 외롭다. 조금만 일찍 올 것을. 인적 드문 폐광 앞 종점 어딘가에서 아버지가, 말수 적던 그가 꺼칠한 두 손을 바지 주머니에 꾹 찔러넣은 채 감쪽같이 사라졌던 옛날 칼날 썰매를 윗도리 품에 넣고서 징징대던 꼬마를 기다렸을 거라는 아둔함을 떨치지 못한다. 그래도 떠날 시간, 버튼을 누른다. 시동 걸리는 소리가 부드럽다.

구봉산 종점(終點)

이제는 부모를 버려야 한다

　어쩌다 끄지 않고 잤더니 전화벨이 새벽부터 시끄럽다. 동트기 전 이른 시간에 걸려올 전화라고는 가까운 친척이나 어머니와 관련된 편안치 않은 소식이 대부분이다. 역시나 요양 복지센터에서 꼭두새벽에 형님에게 걸었던 전화 한 통이 원인이었다. 형님 목소리가 짜증 범벅이다. "병신들 모아놓은 감방에 어미 가둬놓고 니들은 잘 사나 볼겨. 들여다보는 놈 하나 없는 자식 여섯이 뭔 소용이냐. 며느리 사위 손자가 있기는 하다니? 당장 날 데려가! 죽어도 내 집에서 죽어야겠다." 간호사 옆에 있던 엄마가 전화를 낚아채 당신 할 말만 냅다 퍼붓고 나서 툭 끊더라고.
　복지센터에 다녀온 것이 불과 사흘 전이다. 어머니를 보러 가는 길, 만나는 도중 벌어진 말다툼 그리고 떼어놓다시피 어머니를 놔두고 돌아오는 길에서 자책하던 마음, 미안하다가 속상하다가 결국 나 자신한테 화를 내고 만다. 늘 그랬다. 치매라는 놈이 지배하는 어머니와 다툴 일이 아니다. 차마 할 얘기는 아닌데 화난 김에 나도 어떤 엄마가 이럴까, 엄마를 보고 싶지 않다는 등, 자식으로서 하면 안 되는 생각까지 가끔 했다. 그 무렵, 생각으로만 그쳤던 내 흉악한 속을 샅샅이 보기라도 한 듯, 체면과 관습의 굴레에 묶여 말하지 못한, 그리하여 이 정도면 내 속마음을 대변할 수 있을 법한 책 한 권을 접하게 되었다.

《이제는 부모를 버려야 한다》는 일본여대에서 종교학 교수를 역임한 시마다 히로미의 글이다. 작가는 초고령화 시대 효의 개념을 유교 사회문화적 시각에서 냉정하게 해부한다. 한국보다 먼저 그리고 점진적으로 근대화작업을 일궈낸 일본의 관점을 여실히 보여준다. 기본적인 논리와 자료가 일본 사회의 그것들임이 분명한데 내용 전체를 읽고 나면 개운치 않은 그래서 불편한 느낌이 엄습한다. 한국인인 내게 명분을 중요시하는 전통 유교 관념과 가부장제를 이젠 버릴 때라고 훈수한다는 느낌 때문이다. 자격지심이랄까, 씹을수록 내용이 옳다 여겨져 화가 나고 부끄러우며 자존심까지 상한다.

제목 못지않게 소제목과 개별 단락도 나에겐 충격이다. 지나

치게 장수하는 사람들, 부모와 자식 간 유대의 함정, 부모가 먼저 자녀를 버려야 한다, 등을 떠나 이제는 효도할 이유도 여력도 없다고 설득한다. '부모를 버려야 하는 시대다'로 시작한 첫 문장의 도발적인 멘트를 훨씬 상회하는, 부모가 자식을 버리지 않으면 결국 부모가 버려진다는 충격적인 선언이 이 글의 결론 아닌 결론이다. 정반대 상황으로써 부모를 버려야 자식도 살 수 있으니 '이제는 부모를 버려야 할 때'라는, 일반적 상식을 뒤엎는 독설로 끝맺는다.

부모를 버려야 하는 이유를 작가는 논리적 예를 들어 구체적으로 서술한다. 첫째는 산업화와 그로 인한 사회적 가치관의 변화가 유발한 경제적 이슈이다. 덮어두고 쉬쉬할 문제가 아니라 밖으로 들춰내 담론으로 채택할 시점이라고 말한다. 작가는 가부장제에 뿌리를 둔 가족이 경제공동체의 역할을 충실히 이행하여 유산이 자연스레 대물림되던 시대는 끝났다고 잘라 말한다. 가정과 고향이라는 전통 개념은 사라졌거나 희미해져서 노인 고독, 근친살인, 안락사나 연명치료 등의 새로운 문제가 사회적 현안으로 부상하는 시대적 상황에서 야속해 보일지라도 부모 버리는 선택을 논의의 대상으로 올려야 할 때라고 주장한다.

대한민국에서 체면과 명분에 가려 아직은 언급이 금기시되는,

부모를 잘 모셔야 한다는 주장을 정면으로 반박하면서 효 개념의 허실을 낱낱이 파헤쳐서 부모를 버려야 하는 시대의 도래를 선언한다. 산업화가 불러온 회사원 사회와 소가족 형태에 의해, 형제라는 공감대가 경제적 이유 외에는 불필요한 개념이 되었다고도 지적한다. 틀린 말이 아니다. 형제보다 이웃사촌과 더 가깝게 지내는 경우가 흔하다. 옳은 말만 하는 작가 선생이 은근히 얄밉다.

  표면상으로 난 부모를 완전히 버리지 못했다. 가끔 무거운 마음으로 엄마를 보러 간다. 남들 눈에 효자로 보이기를 원하는 것은 아닌데, 불효자 소리를 듣기도 싫다. 엄마를 만나 마주할 욕지거리와 억지를 무릅쓰는 것으로 내 얄팍한 임무는 끝나고 그로써 엄마를 버리지 않았다며 위안 삼는다. 애들한테는 어떤 일로도 손 벌리지 말아야지, 건강하게 스스로 의사결정 가능할 나이까지만 살 것이며 정신이 맑을 때 미리 죽음서약서를 준비할 거라고 거듭 반복한다. 시마다 교수의 설명대로 부모를 버리려는 마음을 갖기까지 내 또래 세대는 아주 힘든 시간을 맞게 될 테고 그보다 엄중한 사실 하나는, 그런 상황이 실현되기 전에 엄마가 돌아가실 시점까지의 길지 않은 시간은 지금도 매 순간 차곡차곡 쌓여가고 있다는 점이다.

고백하자면 연례행사인 벌초 참여도 대물린 의무감의 소산이었다. 집안 누군가는 벌초를 계속하겠지만 삼백여 가까운 종중 묘역을 오롯이 후손들의 의무감만으로 관리한다는 것이 가당치 않다. 나부터가 적극적이지 못하다. 언젠가는 방치된 선조들 묘역이 울창한 덤불 숲으로 바뀔 거라는 자조감이 머릿속에 가득하다. 벌초 공지를 보냈더니 둘째 애 답장이 먼저 왔다. 별일 없으면 참가하겠다는, 나한테는 황당한 얘기다. 별일 없다면? 불편한 내 심기는 조롱과 냉소를 담은 답장으로 되돌아갔다. 자식 버리기의 시작일 수도 있다는 비장함으로.

"네가 살아남아야 조상도 있다. 취업 준비나 하셔요. 아빠 대(代)로 벌초는 끝날 거야."

"How shall you know if it's gonna be over after you died?"

몰라 묻나. 알바 인생, 실업 수당 인생, 투잡 인생, 결혼은 차치하고 당장 먹고살기도 바쁠 것 아니냐 씨놓고는 보낼까 말까 잠깐 망설였다. 내가 그랬던 것처럼 애들도 충격받을까 봐서.

온라인 대화는 그로써 끝났다. 자존심이 상했을 것이다. 효도라는 허울로 포장된 불편한 의무감을 머잖은 날에 이들도 알 것이다. 그러면서 실질적으로 엄마를 버린 지 오래인 내가 그들은 나를 버리지 않을 거라는 희망을 놓지 않는다. 버리지 않으면 내가 버려진다던 시마다 히로미의 적확한 논리와 절절한 경고를 아직은 인정하기 싫은 모양이다. 부모를 버리라는 말과 자식을 버리라는 말이 같은 얘기인가 싶어 씁쓸하다. 꿋꿋이 홀로서기가 필요한 시대다.

미안해요

 차창 너머로 브레이크 등이 너울거린다. 다 와서 길이 막히다니, 월요일 아침부터 면사무소 주차장이 만원인 듯하다. 앞차가 길가 주유소로 빠진다. 차 안에서 멍청히 시간을 죽이는 것보다 낫다. 나도 운전대를 꺾어 방향을 튼다. 주유소 외진 구석에 차를 세우고 옆 건물을 향해 느릿느릿 걷는다. 흘낏 바라본 하늘이 우중충하다. 땅 위엔 개망초가 한창이다. 길가에, 들판에, 눈 닿는 곳 어디에나 안개비처럼 내려앉았다. 비가 내리려나.

 1980년대 초반 콩밭 매는 칠갑산 아낙이 등장하기 한참 전, 충청도 오지의 군청 소재지 한 곳이 경상도 청송과 영양의 처음과 끝 두 글자를 따온 고추 이름으로 알려지기 시작했다. 풍수가의 말을 빌리자면, 청양이 산세는 높지 않으나 골이 깊고 험해서 드센 인물이 많이 날 곳이라 했다. 좌우를 불문하고 이념적으로나 정치적으로 강성인 유학자나 정치인이 많은 곳, 난 충청도에서도 가장 오지라는 그곳에서 태어나 십 대 초반 유년기까지 거기서 자랐다.

외할머니댁은 예산, 청양고추만큼이나 유명한 구기자 마을이며 두 곳은 좁다란 실개천을 경계로 몇 집 건너 일가친척이 수두룩한 지역이다. 수다분하다거나 인심 좋다기보다 좋게좋게 지낼 수밖에 없는 인적구성이다. 그류~, 알간~ 몰러유~ 등 축 늘어지는 말투엔 상황에 따른 충청도 사람의 속내가 복잡하게 얽혀 있다. 무심한 듯 어리숙한 듯 툭툭 던지는 어휘들이 칭찬인지 욕인지 다른 지방 사람들은 파악하기 쉽지 않다. 엄마는 달랐다. 워낙 직설적이었으니까.

엄마 태어난 지 여섯 달 만에 새 외할머니가 들어오셨다. 어릴 적에 생모의 사랑이 끊겼기 때문인지 그때부터 엄마의 태도는 무척이나 까탈스러웠다고 들었다. 시간이 지나고서 알게 된 사실인데 까칠한 엄마 눈치를 살피느라 외가 식구들이 힘들었다고 한다. 외삼촌과 이모들이 괄괄한 누님이자 언니인 내 어머니를 얼마나 버거워 했을지 짐작이 간다. 아버지께서 그 서먹한

관계를 풀어보려고 애 많이 쓰셨다고 들었다.

엄마가 살아온 시절은 거칠다. 그 시대 누구라도 그랬을 테지만 일제 강점기와 해방, 한국전쟁, 군사 쿠데타를 거쳐 60~70년대의 경제적 도약기와 80년의 봄까지 근대사의 부침 속에서 고단한 삶이 계속됐다. 그래서였을까, 아버지마저 세상을 뜨신 90년대 초반 치매라는 놈이 병약한 엄마를 찾아왔을 때는 그녀의 설움, 허기와 갈증까지 흐려가는 당신의 기억과 함께 사라지기를 바랐었다.

내가 틀렸다. 치매 발병 초기 무의식과 의식의 경계를 넘나들던 엄마는 주위 분들을 되레 황당하게 만들었다. 음식 간을 맞추지 못하는 단계는 시작에 불과했다 나중에 알았지만 때가 되어 배가 고파도 끼니 챙길 생각을 하지 못했다. 당신 돈을 훔쳐간 나쁜 애들이라며 누이와 형님에게 눈을 흘겼고, 의사의 진단을 받아보자는 우리더러 자기를 미친 할망구 취급한다면서 노발대발을 넘어 적개심까지 드러내기 일쑤였다.

요양병원에 가겠다는 의사를 엄마가 내비쳤다. 친구삼을 만한 사람이 많기 때문이었다. 예상대로 요양원 내 어른들과 티격태격 다투면서도 엄마는 그냥저냥 새로운 곳에 적응해갔다. 그러나 시간이 흐를수록 정신은 흐려졌고 근력도 약해져 거동조차 힘들었다. 말수가 눈에 띄게 줄었으며 본의 아니게 큰아들은 시동생으로 며느리는 조카 딸로 변하는 경우가 왕왕 생겼다. 웃음이 사라졌고 얼굴의 표정 변화도 눈에 띄게 줄어들었다.

고약한 시대가 왔다. 코로나가 엄마를 덮친 지 2년, 한밤이나 새벽에 예고 없이 걸려오는 전화가 잦아졌다. 놀라 내려가면 응급조치 후에 겨우 의식을 찾은 엄마가 초점 없는 눈을 아기처럼 깜박대고 있었다. 결단의 순간이 다가오고 있었다. 긴 병에 효자 없음을 굳이 증명할 생각은 아니었으나 내뱉기 껄끄러운 연명치료 중단을 내가 제안했다. 형제들의 무거운 침묵과 장남의 동의서 서명 절차를 거쳐 우리들의 합법적 음모(陰謀)가 마무리되었다.

사나흘 후 엄마는 떠나셨다. 백 살 거뜬히 넘길 것 같던, 괄괄한 성정과 거침없는 언사로 집안 전체를 흔들고 친인척 가슴을 조이게 만들던 그분도 죽음을 스스로지 못했다. 모가지가 부러져도 아닌 것은 절대 아니라시던 아버지가 왜 엄마한테만은 한없이 너그러웠는지 이제는 알 법도 하건만, 늦었다. 묵묵히 엄마의 허물을 덮어주던 아버지의 넉넉함을 반만이라도 본떠 눈감고 받아줄 것을. 미안해요, 엄마.

어미마저 잃은 고아인 줄 알아채서였나, 주민센터 직원이 오늘따라 사근사근하다. 출생과 사망 연도 등, 95년 긴 삶이 몇 줄로 정리되었다. 부자에 집안 좋고 배움 많아봤자 저승길에 들고 갈 것은 옷 한 벌과 노자 몇 푼뿐이라고 평소 되뇌셨던 엄마는 그게 신세 한탄이든 희망 사항이든 그렇게 가셨고 살아있는 우리 앞에는 꾸역꾸역 살아갈 시간이 의무인 양 놓여있다. 죽음을 '끝'보다는 커다란 틀 속의 새로운 '시작'으로 받아들이고 싶은 이유이다.

올 장마는 긴 가뭄 끝에 더디 와 삼사일 만에 짧게 끝났다. 내년에도 이런 우기를 맞이할 수 있을까. 영원히 곁에 있을 듯해도 단번에 사라지는 숱한 존재들, 끝나면 아쉬운 인연들….

로마 시인 호라티우스의 경구처럼 확실치 않은 내일보다 살아 숨 쉬는 지금 여기서 잿빛 하늘 거센 비바람과 불쾌한 후덥지근함까지 내 앞에 닥치는 매 순간을 기꺼이 받아들여야지. 세찬 비를 흠뻑 맞은 개망초 때깔이 싱싱하다. 늦가을까지 진탕 피고 질 것이다.

비밀(祕密)

　다른 집 아저씨들이 퇴근하는 저녁 6시 반, 아버지는 어김없이 출근길에 올랐다. 밤 8시 근무 시작인 분이 30분 넘게 걸어지기 책상 하나 없는 일터로 일찌감치 떠났다. 밤에만 일하는 이유를 묻지 못했다. 물어볼 수 없었다. 청양 외진 산골짝에서 서울로 이사와 산 년 남짓, 그때까지 촌티를 벗지 못한 상고머리 중학생이 눈치는 빨해서 아버지의 밤샘 직장이 우리 식구 여덟의 밥줄인 줄은 알았던 모양이다.

　방학이 시작된 날 성적표를 훑어본 아버지가 엄마에게 말했다. "오케이. 쟤, 옷 갈아입혀!" 숭인시장 앞에서 버스를 내려 육교 건너 태극당 오른쪽의 포스터가 덕지덕지 내걸린 삼층 건물이 아버지의 근무처였다. 그날 상영하던 〈섬머타임 킬러〉는 중고생 관람 불가 영화였다. 난감해하는 나를 아버지가 대뜸 일 없다고 안심시켰다. 그것이 아버지가 나한테 해줄 수 있는 최고의 선물 중 하나였음을 그때는 몰랐다.

문 앞에서 기다리라며 안으로 먼저 들어간 아버지가 검표 직원이 퇴근하자마자 바깥에서 어정거리는 나에게 손짓했다. 최종회 상영이 시작된 지 오래, 몇 사람이 뛰어 들어왔다. 몇 마디 주고받은 아버지가 그들을 안으로 들여보냈고 나는 아무것도 모르는 듯이 옆으로 물러나 기다렸다. 그래야 할 것 같았다. 그 후로도 사람들이 머리를 긁적이며 계속 아버지를 찾았다. 괜히 우쭐했다. 내 보기에 사무실 직원들이 모두 퇴근한 그곳은 온전히 그만의 공간이었다. 내 아버지가 그렇게 높아 보인 적 없었다.

영화가 끝나갈 무렵 아버지가 빗자루와 쓰레기통을 손에 들고 찾아오셨다. 얼마간 돈을 쥐어주면서 영화가 끝나는 대로 집에 가라셨다. 관객들이 떠나고 적막한 실내를 구석구석 청소하며 컴컴한 극장을 밤새도록 지키는 일이 아버지의 임무임을 그날 알았다. 혼자 남은 그는 뭔 생각을 하며 긴 밤을 지새웠을까. 평소 고소하던 라면땅이 그날따라 왜 그리도 깔깔했던지 집으로 돌아가는 길 내내 발부리에 걸리는 돌멩이만 하염없이 걷어찼다.

극장 앞 노점상에서 해적판 레코드를 싸게 팔고 있었다. 명절이나 생일날 등 돈이 생길 때마다 팝송 음반을 사 모았다. 이를 눈여겨보신 아버지가 우리 집 밥상의 서너 배는 될 진공관 전축을 가져왔다. 꼬부랑 글씨라고는 오케이와 오라이밖에 모르는 분이다. 표지에 'Top of the world'라 쓰인 레코드판도 한 장 함께. 전기세 아끼라고 불같이 성화를 부리던 아버지가 허구한 날 전축을 틀어놓는 나에게는 언짢은 기색조차 보이지 않았다. 영어 노래 속에 나오는 단어 몇 개를 내 앞에서 흥얼거리다가 멋쩍게 씩 웃곤 하셨다.

아버지는 두어 달에 한 번 정도 나를 극장에 데려갔다. 친구들과 함께 오라 해서 여럿이 간 적도 있었다. 영화를 보러고 학교 단속을 피해 의정부나 혜화동으로 원정 갔던 친구들이 단체로 붙잡혀 복도에서 머리 위로 두 손 들고 벌서던 시절, 나는 아버지의 위세 아래 당당히 영화를 봤으니 그때가 평생 큰소리 한 번 제대로 내본 적 없었던 아버지의 처음이자 마지막 전성시대였지 싶다.

우리 가족이 월세 싼 산동네로 옮겨가고 나서 나는 극장 건너편 고등학교에 배정되었다. 신생 명문고라고 했다. 좋은 영화가 왔다고 보러 오라며 아버지가 미리 귀띔해도 언제부턴가 건성으로 고개만 끄덕였다. 영화가 끝나고서 깜깜한 공간에 아버지만 남겨두고 혼자 집으로 돌아가기 싫었다. 그 말이 여덟 식구의 가장으로서 아버지가 짊어졌을 고단한 삶의 무게까지 고스란히 헤아렸을 만큼 내가 철이 들었다는 것은 아니다.

 아버지가 하는 일을 사람들에겐 감추고 싶었다. 누가 아버지의 직업을 물으면 그냥 회사에 다닌다고 얼버무렸다. 가끔 푼돈이야 챙겼을망정 자신 앞에 닥친 현실을 묵묵하게 받아들여 충실히 살아온 분을 자랑스럽게 생각하면서도 아버지의 일이 내 눈에 차지 않는다는 이유를 들어 부끄럽게 여겼었다. 그런 성실함은 차치하고라도 좋으면 좋다고 있는 그대로 솔직하게 내뱉지 못하는 나의 멋대가리 없음이야말로 영락없이 아버지를 빼닮았다.

 "오늘 내일이래요." 중복을 짓 넘긴 한여름, 서울 전화를 받자마자 곧장 공항으로 향했다. 가물가물 꺼져가는 생명을 떠올리며 도착했으나 아버지는 사흘 밤낮이 지나도록 멀쩡하셨다. 용케 내 위치를 알아낸 거래처들로부터 연락이 빗발쳤다. 업무로 복귀하기도, 그렇다고 마냥 서울에 머무르기도 어정쩡했다. 우선은 돌아가야 했다. 친구들 만나 저녁 먹고 오겠다는 내 속내를 눈치

채신 듯 아버지는 몇 번이나 나를 불러 세웠다. 둘이 할 말이 있으니 바빠도 잠깐 들러가라던 아버지를 뒤로 나는 병원을 빠져나와 도망치듯 밤 비행기에 올랐다.

아버지를 떼어놓고 왔다는 미안함이 밀려와 일이 손에 잡히지 않았고 나를 바라보던 그의 간절한 눈빛이 줄곧 눈앞에 어른댔다. 매일 밤 휴대전화기를 켜놓고 기다리기 열흘째, 수화기 저편에서 아득히 들려오던 동생의 목소리는 차라리 담담했다. 돌아가시기 직전까지 둘째 애와 할 이야기가 많으니 빨리 데려오라고 역정을 내셨다는, 형이 돌아올 때까지 기다릴 작정으로 아버지는 눈을 감지 못하고 열흘씩이나 버틴 것 같다는.

깊은 밤 당신 홀로 잡동사니 널브러진 바닥을 청소하다 잠깐씩 멈춰 선잠을 청했을 딱딱한 꼬마 의자는 컴컴한 극장 안 어딘가 아직도 남아 있을까? 사랑한다는 그 쉬운 말을 쑥스러워 꺼내지 못했고 잠깐이라도 보고 가라던 마지막 부탁도 외면했다. 임종마저 지키지 못했다. 떠나신 지 30여 년, 꿈속에서조차 아버지는 한 번도 당신 모습을 보여주지 않는다. 보고 싶다고, 그때 정말 죄송했다고 이젠 말할 수 있는데. 나한테 하고 싶었던 말이 무엇이었는지 당신의 입을 통해 직접 듣고 싶은데.

산마을 저녁

공일날
희뿌연 언덕배기엔
하얀 눈이 온종일 춤을 추었다

산토끼 잡으러 동네 형들 쫓아가
눈더미 위에서
허우적대고 미끄러지고 자빠지고
풀린 다리, 퀭한 두 눈
고리땡 바짓자락 끝에
얼음 부스러기만 더덕더덕 매달고 돌아오는 길

흐린 해가 건니편 산머리를 성큼 넘는데
아이고, 반가운 병도 엄마 목소리
어딨냐?. 언능들 와! 밥 처먹게~~~

2.
그때 거기

찬란한 외출

월산은 깊었다. 하늘을 빽빽이 뒤덮은 나무 아래 좁은 길이 꼬불꼬불 이어진다. 반짝이는 햇살이 이따금 따발총처럼 쏟아진다. 낮인데 어두웠고 발아래 걸리는 것 많아 앞 사람 등짝을 따라 무작정 걷는다. 소풍, 그딴 게 뭐라고 일찌감치 집어치우는 건데 얻어먹을 게 뭐라고 목줄 매단 염소 새끼처럼 여기까지 질질…. 처음부터 올 생각을 하지 말았어야지. 이게 전부 고 깍쟁이 때문이라 생각하니 화가 치민다.

차부 앞 윤 의사네 딸 미순이는 서울에서 살다 전학 온 우리 반 애다. 동그스름한 얼굴에 이가 하얬으며 옆머리에는 헝겊 리본을 매달고 다녔다. 귀여운 애가 무용 잘하고 노래까지 곧잘 불러 학교 행사 때마다 인기가 최고였다 '그래 봤자 제깟 게', 무시하는 척했지만 어쩌다 눈이라도 마주치면 슬그머니 얼굴을 돌리곤 했다.

앙가목골 골짝에서 광산 앞으로만 내려가도 거기 누나들은 영화배우 뺨칠 만큼 머리칼이 출렁거리고 얼굴에 빛이 났다. 미순이를 친동생처럼 끼고 다니는 교회 주일학교 선생님이 공일날 월산에 가자고 말을 걸어왔다. 교회를 안 다니는 내가 미순이도 올 거라고 멋대로 생각해서 못 이기는 척 고개를 끄덕이고 말았다.

예배당은 연애당이라던 동네 어른들 얘기가 그제야 떠올랐으나 한번 대답하고 나니 웬만한 거짓말쯤은 바닥 짚고 헤엄치기였다. 일요일 아침 집에다가 얼렁뚱땅 둘러대고 약속 장소로 뛰었다. 난감했다. 동네 누나 형들과 친구까지 바보처럼 왜 거기 와있는지 모르겠다. 그걸로 끝이 아니었다. 아무리 둘러봐도 미순이가 보이지 않았다. 누나 선생님한테 물어볼 수도 없었다.

따라가고 싶은 마음이 쏙 달아났다. 며칠 새 거짓말이 늘었다. 금방 배가 아프기 시작했다. 선생님이 활명수 한 병을 주며 다 왔다고 조금만 참으랬다. 어른들이 뒤로 머리 젖혀 들이킬 때 꼴깍 침 넘기게 했던 유리병 안 꺼먼 물이 목구멍을 타고 뱃속으로 콸콸 내려갔다. 기분은 좋았다. 씁쓰름하면서 톡 쏘는 맛이 딱 한 번 마셔봤던 콜라 비슷했다.

심심했다. 미순이도 없고, 금방 도착? 거짓부렁인 줄 벌써 알았다. 배탈약까지 한 병 얻어먹은 죄로 도망가기가 미안했다. 이래저래 한참 더 걸어 도착한 빈터에 넓게 돗자리를 깔고 다들 얌전하게 둘러앉았다. 기도합시다! 목사님이 두 눈을 감고 주기도문을 외는 동안 나는 양손을 턱 밑에 붙였다. 눈을 반쯤 뜨고 사람들을 몰래 쳐다봤다. 노래도 배웠다. "즐거운 여름학교 하나님의 집. 아아, 진리의 ~~~."

한없이 계속될 것 같던 기도의 시간이 끝났다. 기다리길 잘했지 그냥 갔다면 엄청 억울할 뻔했다. 입맛 다시며 쳐다보기만 했던 크라운산도, 생과자, 사과와 사이다, 김밥까지 먹을 게 널렸다. 그런데 이상하지, 좋으면서 도망가겠다는 결심은 왜 점점 더 굳어갈까. 우선은 먹고 나서. 그러나 세상은 내 생각대로 돌아가지 않았다.

"이제 보물찾기 시간입니다. 도장 찍힌 종이를 찾아와요. 거기 적힌 대로 선물을 줍니다."

점심 먹고 내빼기는 글렀는데 종이 쪼가리까지 나를 약 올렸다. 겨우 찾은 한 장이 '꽝'!

마침내 때가 왔다. 자유 시간! 멀리 가지 말고 호루라기 불면 모이라는 말을 듣자마자 산 아래로 또 아래로 올라온 길을 더듬어가며 내달렸다. 자빠져 굴러도 벌떡 일어났다. 가슴이 벌렁벌렁 뛰었다. 누군가 쫓아오면, 그리고 엄마가 눈치채서 아버지한테 일러바치면 어쩌나. 아, 괜히 왔네. 아무런 잘못 없는 두 사람이 원망스러웠다. 괘씸한 지지배…. 나쁜 선생님….

얼마나 달렸을까, 산 아래 개울 옆에 나 태어난 청룡마을이 한눈에 들어온다. 아는 사람 만날까 봐 일부러 먼 산모퉁이를 돌아 옥분이 고모네 집 쪽으로 피해간다. 흙벽돌 담장 안이 조용하다. 살금살금 마당으로 들어가 우물물을 바가지째 퍼마시고 나시 걸음을 서두른다. 산등성이 두 개만 넘으면 우리 동네다. 여기부터는 눈 감고노 집에 갈 수 있다. 틈틈이 뒤를 살핀다. 나 잡으러 온 선생님은 아직 없다. 내가 없어진 줄도 모를걸.

종다리 한 마리가 하늘 높은 곳에서 망을 본다. 저러다 새끼 기다리는 제집으로 날아가거나 먹잇감 찾아 쌕쌕이처럼 빠르게 내려올 것이다. 누군가 밑에서 지켜보는 줄도 모르는 어미가 나를 향해 직선으로 별똥별처럼 떨어진다. 바싹 웅크렸던 바로 옆 덤불이 새집일 줄 몰랐다. 새끼는 없고 알 몇 개만 나란히 누워

찬란한 외출

있다. 들고 가려다 그만둔다. 어미 새가 슬프지.

터벅터벅 걷는다. 새소리만 시끄럽고 지나는 사람 하나 없다. 걸음을 뗄 때마다 빛줄기가 번쩍여 눈이 부시다. 풀과 나무와 어깻죽지 위로 따갑게 쏟아진다. 산이 나를 싣고 가나, 배가 고픈가? 핑 돈다. 빨강 분홍 노랑 파랑 초록, 그것 말고도 꽃은 이름 모르는 색깔로 눈 닿는 곳마다 피어있다. 꽃을 품은 산이 산에 핀 꽃을 안고 간다. 초록도 진하다. 방학이 곧이겠네.

깜깜한 밤 가끔 도깨비불이 훨훨 타오르던 골짜기 옆 언덕배기를 지난다. 사택이 늘어선 저만치 우리 동네가 성냥갑만 하다. 한숨을 내쉰다. 엄마와 연애당, 이쁜 애도 잠깐 까먹었다. 걸음을 멈추고 뒤돌아본다. 산등성이 몇 개 너머 월산 꼭대기가 희미하다. 종아리도 아프고 이젠 천천히 가도 되겠다. 풀더미 위에 벌렁 드러눕는다. 흔들리는 가지 새로 시원한 바람이 분다. 언제 왔을까, 파란 하늘 꼭대기에 조각달이 떴다.

학교 가는 길

 바위산 계곡에 아침저녁으로 살얼음이 덮인다. 애장골 빽빽한 나무 틈으로 녹지 않은 눈이 드문드문 보여도 구봉산을 넘어온 바람은 온기를 품고 있다. 따뜻해진 구름이 나직한 비가 되어 산과 들을 적신다. 시냇물이 불어나 소리가 시끄럽다. 들판에는 파란 쑥이 돋아나고 추운 겨울 숨죽였던 매화도 연분홍 봉오리를 내밀었다. 겨울잠 덜 깬 깨구락지까지 서둘러 튀어나와 어리바리 헤맨다. 봄이다.
 물오른 갯버들이 뽀얀 솜털을 게워내고 성질 급한 개나리가 세상을 환하게 밝혔다. 앞산 중턱 진달래도 며칠 지나면 발개지겠네. 쩍쩍 갈라졌던 논바닥으로 물이 흘러든다. 누렁소가 커다란 눈을 껌벅거리며 쟁기를 끈다. 기운이 부치는지 허옇게 흘러

내린 침이 콧김에 풀풀 날린다. 고삐를 거머쥔 아저씨도 힘이 달리기는 마찬가지다. '워워' 소리가 어쩐지 안쓰럽다. 머지않아 학교 가는 길 논바닥에 쌀냉구가 파릇하겠다.

등짝에 책보를 동여맨 아이들이 논두렁을 내달린다. 허겁지겁 달아나는 개구리가 발짝에 깔리거나 말거나 우리는 재미있다. 퍼져가는 동그라미에 실려 덩달아 튀는 소금쟁이, 시커먼 거머리와 초록 물뱀도 제 세상을 만났다. 며칠 밤 꼬박 개굴개굴 시끄럽더니 논바닥 검불 주변에 개구리 알이 득실득실하다. 미끈대서 싫다. 며칠만 지나가면 배불뚝이 올챙이가 꼬물거리겠네.

비탈길을 끙끙대며 올라간다. 하늘 높은 곳에 멈춰 섰던 종다리가 쌕쌕이처럼 고꾸라져 내려온다. 저러다 바닥에 대가리 꼬나박는데. 뻐꾸기 소리가 나른하다. 하품이 저절로 나온다. 엄마가 기다릴 거야. 빨리 가야지. 뱃속에서 들리는 꼬르륵 소리, 찬물에 쌀밥 한 사발 말아먹고 싶다. 멀리 신작로 끝에서 아지랑이가 꼬물꼬물 춤을 춘다. 흐느적거린다. 어지럽다. 세상이 빙빙 돈다.

해가 길다. 광산 뒤쪽 가파른 비탈에 산딸기가 널렸다. 불쑥 내민 손등이 따가울 틈도 없이 핏방울을 뿜는다. 입으로 피를

빨면서 냇가로 내려가 차가운 물 속에 두 손을 담근다. 따끔거린다. 개울물 한 움큼 퍼마시면 배가 불러 좋다. 내친김에 멱 감으러 아래위 홀랑 벗고 물속으로 뛰어든다. 여자애들이 두 손으로 얼굴을 가리고 모퉁이 뒤로 물러선다.

새까맣게 그을린 꼬맹이들이 황톳길 복판에서 짱깨미뽀~ 한방에 거품을 문다. 꼴찌가 다음 전봇대까지 친구들 책보를 메고 간다. 아까시는 꽃이 질 때 꿀이 달다. 꽃잎을 하나씩 떼어 밑동을 빨아먹다가 통째로 입에 넣고 훑어 씹으면 입술은 요술처럼 보라색으로 변한다. 상고머리 위까지 훌쩍 커버린 밀밭으로 들어선다. 아이들이 두 팔로 밭고랑을 헤치며 달음박질한다. 깔깔한 수염이 볼때기를 때린다. 간지럽다.

월산 꼭대기에 머물던 먹구름이 소나기를 몰아 우리를 쫓아왔다. 책보, 교과서와 공책까지 홀딱 젖었다. 달리기 선수보다 빠르다. 집에 가 마룻바닥에 널어 말려야지. 고무신 목선 위에 꾀죄죄한 땟국물이 일자로 금을 그었다. 발가락도 흙탕물에 젖어 허옇게 불었다. 비가 멈추고 해를 가린 구름이 산등성을 넘어간다. 호랑이 장가가는 날 죄 없는 내 신발과 책이 몽땅 망가졌다.

날이 찐다. 동네 어귀 개울 앞에 멈춘다. 통나무 다리가 반 이상 물에 잠겼다. 비스듬히 걸쳐있어 건너가기 무섭다. 파란 하늘 뙤약볕, 새들은 짹짹, 시냇물은 콸콸, 햇살에 묻힌 아이들 수다는 물 위로 공중으로 흩어지고…. 물소리와 새 소리가 시끄러워도 아이들은 졸리기 시작한다. 기다리자, 수업 파한 동네 누나 형들이 올 때까지.

하늘이 높다. 전보산대 꼭대기에 흰 구름이 듬성듬성 걸렸다. 코스모스는 알아서 홀로 피고 물을 주지 않아도 쑥쑥 큰다. 겨울 되면 꽃이 어디로 가는지 따라가 보고 싶다. 상여 간 뒤 밤나무 숲으로 들어간다. 밤 주울 생각을 하면 코딱지만큼도 안 무섭다. 머리 위로 어깨 위로 밤송이가 투두둑 떨어진다. 제법 많이 주워 호주머니가 불룩하다. 가시 박힌 손바닥이 그제야 콕콕 쑤신다. 빨간약을 발라야겠네.

너른 들판에 허수아비 홀로 심심하다. 행길 가로수 아래 낙엽이 쌓인다. 옷 벗은 나무가 엔간히 춥겠다. 은행 똥내가 코를 찌르고 주황 감은 붉게 익어간다. 수확 끝난 고구마밭에서 애들이 맨손으로 흙을 판다. 암만 못해도 서너 개는 캔다. 텅 빈 벌판은 송장색 곤충 차지다. 깡통 옆구리에 대못으로 구멍을 뚫어 메뚜기를 잡아넣고 군불을 지핀 후 깡통을 올려놓는다. 타닥타닥 부닥치는 소리가 한참 동안 요란하다. 냄새도 맛도 고소하다.

침쟁이 신씨 할아버지가 돌아가셨다. 가족 없는 어른이라 동네에서 장례를 치러줬다. 한동안 그 주변엔 얼씬도 안 했는데 어쩌다 애들이 문 앞을 서성댄다. 주인 없어도 국화는 피어나고 알 굵은 대추도 늘어지게 달렸다. 서너 개 집어 들고 가려다 그냥 돌아선다. 대침을 손에 든 할아버지가 고무신을 끌고 금방이라도 따라올까 무섭다. 근데 참 이상도 하더라. 함석 문짝만 눈에 띄면 코끝이 찡하다. 며칠 전만 해도 침 맞을 일 없다고 신났었는데.

밤새 내린 눈이 밖으로 통하는 부엌문을 막아버렸다. 겨우 밖으로 나섰다. 눈덩이가 초록 향나무 가지에 엉기성기 앉았다. 양철지붕이 햇빛 받아 눈부시다. 처마 아래 고드름을 뿌리째 떼어 내 입에 문다. 진저리나게 이가 시리나. 냇가 마른 살얼음이 등고선을 그렸다. 봄아, 어서 와! 물 아래 송사리가 전부 얼어 죽겠다. 학교 주변 멍구들만 신났다. 떼거리로 몰려와 운동장 구석구석을 뛰어다니다 눈 위에 어지럽게 지들 발자국만 남기고 돌아갔다.

훔쳐 온 성냥을 보란 듯 꺼내든 애가 잔가지를 긁어모아 불을 지핀다. 매운 연기가 눈을 찌른다. 마른 눈물을 바가지쯤 흘리고 나면 불꽃은 살아난다. 두 손을 비비며 모닥불 주변에 쪼그려 앉은 꼬마들이 제 자리를 지키려고 엉덩이로 어깨로 몸싸움한다. 지난가을 추수할 때 남은 벼 밑동이 꽁꽁 언 논바닥에 상투를 틀었다. 살살 천천히 얼음을 지친다. 새 신발이 빨리 닳는다고 미끄럼은 타지 말라던 아버지한테 쪼끔 미안하다.

마을 입구 하꼬방 앞까지 잿빛 구름이 우리를 뒤따라왔다. 바람이 세졌다. 굵어진 눈발이 미루나무 가지 사이로 회오리친다. 무릎까지만 덮여라, 학교 안 가도 되게. 산골짜기 어둠은 별똥별만치 성큼 내려온다. 언능 집에 가서 아랫목 담요에 손발을 녹여야지. 뒷산 희뿌연 언덕배기가 하얀 눈에 가려 보이지 않는다. 저 눈발 속 어딘가에 봄은 무럭무럭 크고 있을 것이다. 돌아오는 공일날엔 동네 엉아들 따라 산토끼 잡으러 갈 수 있겠다.

염소 똥 반찬, 깜장 색 얼굴

　흙먼지가 뽀얗다. 향나무 담장 옆 황톳길을 달려 삼륜차 한 대가 학교로 들어온다. 소리만으로도 빵 차인 줄 안다. 오늘은 안 오나 풀 죽었던 꼬마들이 창가 쪽 아이의 "왔다!" 한 마디에 촤짝 밝아진다. 급식치기 운동장 복판에 바퀴 자국 세 개를 가지런히 남기고 본관 앞에 멈춰 선다. 양동이를 챙긴 당번 둘이 뒷문으로 빠져나간다. 탄내 물씬하고 푸석푸석한 옥수수빵을 애들은 군소리 없이 맛있게 먹는다. 부잣집 애들 몇은 급식 빵이 맛있다며 자기 도시락과 바꿔먹자고 한다. 바보도 보통 바보가 아니다.

　서울은 달랐다. 빵과 우유를 주는데도 그냥 나가는 애들이 많았다. 나는 기다렸다. 그런데 이상하게 당번은 나를 계속 지나쳤다. 처음엔 전학 온 나를 몰라봐서, 나중엔 빵이 모자라서 그럴 거라며 끈질기게 기다려도 여전히 내 자리엔 빵을 내려놓지 않았다. 나에게 빵을 주지 않는 것에 대해 아무도 말이 없다는 점이 섭섭했다. 그러거나 말거나 애들은 점심을 먹었으며 언젠가부터 나도 다른 애들처럼 일찌감치 교실을 빠져나오기 시작했다. 뒤통수에 꽂히는 애들 눈빛이 당장 빵을 못 먹어 배고픈 것보다 더 싫었다.

공차기하는 친구들을 피해 운동장 한쪽에 짝꿍을 불러놓고 물었다.

"전학 왔다고 안 주냐? 우유하고 단팥빵."

"신청했어?"

뭔 뚱딴지같은 소리냐며 이어진 말에 당황했다. 마지막 주 월요일 학급회의 시간에 마녀한테 얘기하라니….

"신청? 그 깡패한테 말만 하면 되는 거야?"

"응, 급식비 내고!"

그랬다. 돈을 내는 거였다. 서울은 참 고약한 곳이었다.

오후 수업 있는 날은 점심 종이 울리기 무섭게 우리 반 칠십여 명 중 절반 넘는 애들이 좁은 복도에서 어깨를 밀치며 운동장으로 뛰쳐나갔다. 오십 분 내내 땡볕 아래서 너덜거리는 비닐 공을 죽어라 쫓아다녔다. 점심시간이 끝날 무렵 수돗물을 듬뿍 마셔 배를 먼저 달래고 먼지투성이인 상고머리를 수도꼭지 아래로 들이밀었다. 뺨 위로 흘러내린 물이 짭짤한 땀과 뒤섞여 끈적댔다. 흰자위 빼면 얼굴과 팔다리까지 새까맣게 그을린 애들이 오후 수업 시작도 전, 책상에 엎드려 자거나 의자에 앉은 채 꾸벅꾸벅 졸았다. 급하게 들이킨 찬물이 꿀렁거릴 때마다 간장 뚝 찍어 쌀밥 위에 올린 날김이 눈앞에 삼삼했다.

흰 밥 위에 달걀후라이를 얹어오면 그럭저럭 살만한 집 아이였다. 부자 애들 도시락에는 계란말이, 소시지, 장조림과 김, 멸치볶음, 생선전 등의 반찬이 보였다. 아예 점심을 싸 오지 못하는 친구도 반이 넘었다. 일주일에 두세 번 싸주는 내 도시락은 시커먼 콩장과 짜다 못해 쓰디쓴 장아찌만 그득했다.

밥도 그랬다. 서울에 오면 맨날 쌀밥 먹을 줄 알았는데 우리 집 밥상에는 일주일에 서너 번씩 보리밥이 올라왔다. 그나마 없어 못 먹는 사람들이 널렸다며 엄마는 쌀밥 타령인 나를 면박했다. 책보 속에서 도시락 안 깡보리밥이 무장아찌, 콩장과 뒤섞여 거무칙칙한 색깔에 짠 내까지 진동했다. 꺼내놓고 먹기 창피했다. 차라리 굶겠다고 작정한 내게 도시락을 내팽개칠 훌륭한 핑

겟거리가 마침내 나타났다.

여자 반장은 학교에서 마녀이자 깡패였다. 그녀가 혼식 분식 검사 때 시비를 걸어왔다. 그동안 내 도시락을 몇 번 들춰봤던 왈가닥이 그날은 촌뜨기를 놀려먹기로 작정한 모양이었다. 제 얼굴을 내 코앞으로 바싹 들이댔다. 향기로운 비누 냄새가 코를 찔러 아찔했다. 쑥스러워 고개를 돌리는 내 귀에 대고 마녀 반장이 낭랑하게 속삭인다.

"넌 매일 장아찌와 염소 똥만 먹는구나! 그니깐 얼굴이 깜깜하지." 말문이 막히고 얼굴이 달아올랐으나 대들지 못했다. 그날 이후 반찬이 무장아찌나 콩장인 날이면 어딘가에 밥통을 숨겨두고 학교로 갔다. 그 애가 나를 깔보는 게 엄마 탓이든 시커먼 반찬 때문이든 고년 말은 징그럽게 창피했는데 언젠가부터 그보다 더한 두려움이 나를 짓누르기 시작했다. 내 얼굴이 하얘지기는 영영 글렀다는.

수십 년이 흘렀다. 하늘이 노래 보이던 뙤약볕 아래 허기짐도, 내 속을 북북 뒤집던 깡패 마녀의 심술통도 까마득한 옛일이건만 아직도 단팥빵 앞에서는 손부터 불쑥 나가고 어릴 적 친해지지 못한 우유를 벌컥벌컥 들이마셔서 배가 끓는다. 그때마다 속은

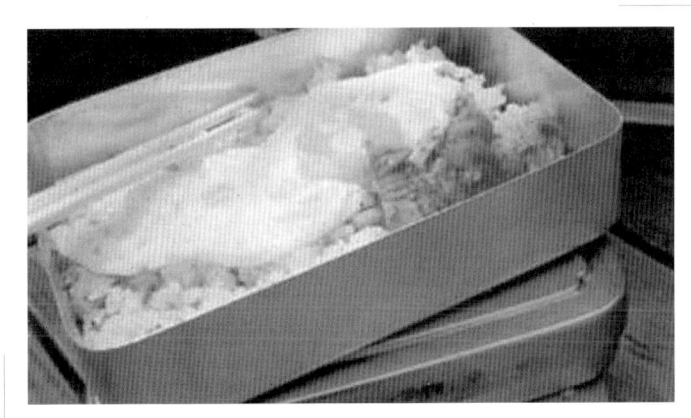

염소 똥 반찬, 깜장 색 얼굴

열불이 나고 꽃가루 날리는 봄철 내 콧구멍처럼 가렵다. 얼음 듬뿍 머금은 이빨처럼 시리다. 깜장 얼굴이 영원할 거라던 공포는 오래전에 끝났음에도 불구하고 얼굴 화끈거림은 가실 줄 모른다.

박카스 선생님

마지막 시간, 눈꺼풀이 무겁다. 산수 선생님이 교탁 위 병을 들어 단번에 뚜껑을 돌려 딴다.

"이게 뭐니? 어쩌라는 건데?"

여기저기서 침 삼키는 소리가 겹겹이 피진다.

"신생님 마시래요."

"아무럼, 그렇겠지! 오늘은 어느 집 어르신께서 납시셨냐?"

"몰라요. 물 대기 바쁘다며 후딱 가서. 우덜 공부나 잘 가르치래요."

뒷자리 건들거리는 애들 몇이 머리를 숙이고 킥킥 웃는다.

"안다, 이놈아. 다음엔 꼭 여쭤서 알아놔. 인사는 드려야지."

"근데, 선생님. 그게 약이여요 사이다예요?"

"그거 알아 워따 써 먹게?"

"옆 반 선생님이 공갈치는 것 같아서요. 어른 돼야 먹는 약이라고."

"저 녀석 말 싸가지 좀 봐라. 진짜다. 배탈 나, 애들은."

종례 겸한 수업이 설렁설렁 끝났다. 차렷 경례가 끝나기 바쁘게 앞자리 꼬마가 선생님이 교단 위에 두고 간 빈 병을 냉큼 입으로 가져갔다. 애들이 우르르 달려들었고 이놈 저놈 가릴 것 없이 서로 병을 차지하려고 한바탕 법석을 떤다.

비 갠 오후, 집엔 아무도 없다. 나른하다. 툇마루에 누웠다. 덩어리 구름이 산머리를 타고 앉았다. 그 너머는 아버지가 일하는 광산이다. 지붕 밑으로 새 두 마리가 바지런히 들락댄다. 조만간 새끼들 짹짹거리는 소리가 시끄럽겠다. 어두운 방 안으로 눈길을 옮기다가 눈이 번쩍 뜨였다. 장롱 위에 앉아 있는 작은 병 하나, 이불 한 채와 베개를 포개놓고 올라가 까치발로 서서 끄집어내렸다. 마개는 어디 가고 병목을 비닐로 덮어 명주실로 칭칭 감아놨다. 박카스다. 비닐을 벗겨 병아리 목을 축이듯 들이마셨다. 선생님도 그랬다. 누가 올라, 단번에 넘겼는데 교실에서 맡았던 그 향긋함이 없다. 역한 냄새가 풀풀 났으며 색깔도 누리끼리했다. 박카스는 미끄덩거리지도 않았는데, 애가 먹으면 안 된다던 선생님 말씀이 옳았지. 슬슬 배가 아프기 시작했다.

옆집 아줌마가 엄마를 데려왔다. 바닥에 구르는 빈 병, 베개와 이불 그리고 놀라 자빠진 나를 번갈아 쳐다보더니 한바탕 지청구를 퍼붓는다.

"얘, 미쳤어! 뭐하러 천장까지 겨울라 난리야? 환장헌다, 환장혀!"

내가 아픈지 어떤지 엄마는 안 물었다. 광천 쪽다리 밑에서 주워온 애라더니. 뒤늦게 아버지가 대야를 들고 왔다. 속을 비워야 편하다며 연하게 만든 양잿물을 통째로 들이켜니 구역질이 올라왔다. 반 죽어 떼굴떼굴 뒹구는 내 앞에서 아버지는 엄마를 쥐 잡듯 닦달했다. 뻔히 손닿을 곳에 재봉틀 기름을 놔둬 애새끼 죽일 작정이냐, 대체 생각이 있이 사느냐고 퍼부었다. 혼나 기죽은 엄마를 배때기 움켜잡고 드러누워 실눈을 뜨고 훔쳐봤다. 누가 뭐래도 아버지가 최고다. 쩔쩔매는 엄마가 불쌍해 보였지만 속으론 고소했다. 깨소금 맛이다.

방학 보충 수업, 오전부터 늘어진다. 국어 선생님이 출석부로 텅 빈 교탁을 툭툭 친다.

"어디 갔냐? 오늘은 당번 없어?"

애들이 키득댄다. 학습부장이 머리 긁으며 일어나 한 아이에게 눈짓을 주며 대답한다.

"죄송합니다, 선생님. 공부만 열심히 하다 보니 깜박 잊었습니다. 다들 수험생이잖아요."

"그렇지? 열심히 해야 하고말고. 그래야 좋은 대학 간다."

다른 애가 옆에서 거든다.

"근데 선생님, 그거 꼭 마셔야 맛입니까?"

"윤활유 같은 거다. 기름을 쳐줘야 뭐든 부드럽게 굴러가지. 수업도 그렇다."

"아 참나, 선생님만 마시잖아요. 우리 입은 입도 아니냐고요?"

"어허, 저놈 말 싸가지 봐라. 선생하고 학생이 똑같냐? 고얀 것."

급히 뛰어나갔던 당번이 박카스 세 병을 들고 왔다 선생님은 한 병을 따 훌쩍 들이키더니 전국최고의 명강의를 시작한다. 기미 독립 선언문이 입시 단골 출제 문제임을 서너 번에 걸쳐 강조한다. 맨 앞자리 애가 병 하나를 또 들어 마개를 따서 공손하게 내밀고는 묻는다.

"선생님, 그거, 중간고사에 나오나요?"

"흠, 딱히 예스냐 노냐 알려줄 수 없으나, 네 마음을 어엿비 너겨 긍정적으로 검토하겠다."

"믿습니다. 스승님의 은혜가 하해와 같사옵니다. 존경합니다."

중간고사 때 독립 선언문 지문에서만 세 문제가 출제되었다.

조직폭력배 간 갈등을 다룬 영화 〈강릉〉에서 장혁을 제거한 유호성이 일갈한다. 이 세상의 낭만은 씨가 말랐다고. 어디 암흑가에서만 이 말이 통용될까. 요즘 이 말을 붙여서 어색하지 않을 일이 내 눈에도 많아 뵈지 않는다. 학생과 선생님 간에 악의 없이 던지고 모른 척 받아주던 그 시절 따듯함이, 방식의 문제일 뿐 지금이라고 없을까만 내 머리에 흐릿하게나마 남아있는 어릴 적 잔챙이 기억이 난 좋다. 숨겨둔 보물 구경하듯 두고두고 꺼내 보련다.

갈증(渴症)

　나쁜 일은 대개 한꺼번에 몰려온다. 할아버지가 돌아가시고 얼마 되지 않아 형님 사업에 빨간불이 켜졌다. 고향에 남아있던 마지막 땅을 정리해서 시작한 일이라서 사업 실패라는 말은 곧 집안의 몰락을 의미했다. 서울로 이사와 경제적으로 허덕인 우리 집은 셋방살이도 만만치 않아 싼 집을 찾아 이사를 자주 했다. 정릉, 길음동, 삼양동 산꼭대기에서 상계동까지 옮겼다.

　입대 전 살던 마지막 집은 중계동 뚝방(방죽)촌이었다. 있는 돈 없는 돈 긁어모아 마련한 최초의 우리 집이었다. 개구멍 같은 뒷문을 열면 실개천에 오물 덩어리와 잡다한 쓰레기가 24시간 쉬지 않고 흘렀다. 걱정거리 하나는 줄었다. 매달 월세 내는 날 아침부터 집에 찾아와 헛기침하며 문 앞을 서성대던 이전 주인들, 하루도 미룰 수 없던 사글세 그리고 혹시나 쫓겨나면 어쩌나, 마음 졸이던 집 없는 설움으로부터는 해방되었다.

곤궁한 시절은 이미 오래전부터 시작되었다. 서울로 이사 온 이유도 광산이 문 닫을 때가 되어서였지 아버지더러 오라는 일터가 있었기 때문은 아니었다. 폐광하지 않았다면 배운 것도 마땅한 재산도 없던 아버지는 광산촌에서 계속 일했을 것이다. 야간 경비원 자리가 아버지를 기다리고 있었다. 밤 7시부터 새벽녘까지 밤낮이 뒤바뀐 일이었지만 좋고 나쁘고 따질 계제가 아니었다.

곤궁함은 배고픔만을 의미하는 것이 아니었다. 그 무엇보다 센 심리적 압박이었다. 핑계라 해도 할 말 없지만, 고등학교 3학년 초부터 성적이 급격히 떨어졌다. 소위 명문대학교 진학에 비상이 걸렸다. 대학입시까지 남은 시간은 겨우 한 학기, 방과 후 교실에 눌러앉아 늦게까지 공부해도 한 번 떨어진 성적은 오르지 않았다. 마음을 다잡고 공부를 열심히 하겠노라 스스로 몇 번을 맹세해도 머릿속 수많은 잡생각이 끊임없이 나를 괴롭혔다.

우리 집 사정을 어느 만큼 아시는 담임 선생님께서 가정환경이 나와 비슷한 친구와 나를 교무실로 불렀다. 담임이 미리 작성해둔 입학지원서를 우린 멀뚱멀뚱 쳐다보기만 했다. 대통령 하고 싶으냐고. 일단 장교 계급장을 달고나면 길이 보일 거라고, 당장 가서 원서부터 접수하라셨다. 훗날 이 말을 정치적인 의미로 해석하면서 선생으로서 빵점이었다고 비판하는 친구도 있었으나, 그게 아님을 난 확실히 안다. 비싼 등록금 걱정을 덜고 당시로써는 졸업 후 취직 걱정 따위 필요 없는 곳에 보내고 싶어 두 제자 앞에서 너스레 한 번 떨었다는 것을.

우리는 아무 생각 없이 낄낄거리며 태릉에 가서 원서를 접수했다. 아버지는 좋아하셨다. 육사든 어디든 아들이 대학에 간다는 걸 반가워했다. 내 실력이면 어느 학교를 지원해도 붙을 것이라고 철석같이 믿는 아버지였다. 그러나 최종합격자 명단에서 내 이름은 보이지 않았다. 선대 조상 중 불순분자, 살인이나 도둑질로 걸린 분이 없는데 신원조회 결과는 불합격이었다. 대통령의 탄생이 불발되어 좌절한 사람은 불합격자인 내가 아니라 아버지였다. 누군가를 만날 때마다 아버지는 미래의 대한민국 대통령이 될 똑똑한 아들 얘기를 기정사실인 양 자랑스레 늘어놓으셨으니.

아버지는 내가 다닌 학교에 두 번 왔다. 4학년 봄 학기 등록

기간과 졸업식 때였다. 1980년 서울의 봄 때부터 대통령은 거의 매일 죽었다. 주로 화형이었다. 수십 번을 불 태워도 위대한 대통령은 불사신인 듯 죽지 않았다. 아버지가 갑자기 학교로 와서 나를 당황케 했던 그 날도 대통령은 도서관 정문의 시계탑 옆에서 장작불에 태워지기 직전이었다. 지푸라기로 엮어 만든 흉한 허수아비가 제단 위에 세워졌다.

매일 죽여도 살아나는 우리의 대통령, 기를 쓰며 꼭 죽이고야 말겠다는 학생들, 그리고 환한 봄날과는 전혀 어울리지 않는 갈색 털외투를 걸치고 큰 죄라도 지은 듯이 어깨를 움츠리고 나를 찾아온 아버지. 모든 풍경이 투박하고 부조리하며 어울리지 않는 조합이었다. 서먹한 분위기를 바꾸고 싶었던지 아버지가 입을 떼신다.

"허구헌 날 학생들이 뭔 데모냐? 하라는 공부나 하지."

최루 가스가 눈을 찌르던 운동장으로 아버지가 245,000원을 들고 오셨던 그 날은 4학년 봄 학기 추가등록 마감 하루 전이었다. 등록금이 사십 만 원을 약간 넘는 시절이었다. 십오 만원이나 부족했는데 어떻게든 공부는 계속하라고 닦달하시듯 성화가 대단했다.

"모자라는 돈이 어서 나오나요. 군대나 다녀오렵니다."

봉투를 아버지에게 돌려드렸다.

"그냥 놀면 뭐해. 입대할 때까지 공부하는 게 낫지."

"괜찮아요. 군대 끝내고 복학하죠. 나머지 돈을 구할 방법이 달리 있지도 않고." 나는 지쳐있었다. 소설《광장》속의 '사랑과 이념'이 공허한 헛소리 같았다. 푹 쉬고 싶었다.

"어쨌거나 봉투는 가져가. 네 돈이다. 그리고 그 아가씨는?" 그 격동의 현장에서 아버지는 나의 첫사랑을 묻는다. 짝사랑이라 불러야 마땅할 내 첫 미팅 상대. 얼굴도 본 적 없는 남의 집 딸내미, 고운지 똑똑한지 모르는 한 여학생을 아버지는 '그 아가씨'라고 불렀다. 반가웠다. 치열한 이념적 투쟁보다는 달콤한 사랑의 여운을 그때나 지금이나 선호하는 편이다. 아버지와 나의 성향은 그런 면에서 닮았다.

서울로 이사 온 이후의 집안 형편은 말 그대로 하루살이였다. 광산 막장에서 일상적으로 부딪히던 죽음의 공포로부터는 거우 벗어났으나 이제는 생활고라는 현실이 우리를 압박했다. 삶은 삶이 아니라 그냥 사는 것이었다. 나는 내 또래의 당시 청년들이 겪을만한 고민으로 힘들었다. 이상과 현실의 괴리에 절망했으며 사랑과 이념의 경계에서 방황했다. 당시의 정치적 사회적 상황이 그랬다는 말을 지금도 강변한다. 그런 와중에 인간은 사랑할 수 있어 위대하다고 입에 거품을 물었다. 일학년 초 다섯 번 만난 그놈의 풋사랑이 그저 풋사랑에 불과했을지라도.

 얘기를 끝낸 아버지가 정문 쪽으로 천천히 걸음을 옮겼다. 내 마음이 그랬을까, 아버지의 걸음걸이가 허탈해 보인다. 5월의 꽃향기는 최루탄이 덮었고 나는 아까시와 라일락의 향기를 기억하려 애썼다. 시계탑 아래 서서 아버지가 사라진 정문을 바라보며 우두커니 서 있는데 갑자기 눈물이 난다. 아버지는 아직 버스를 타지 않았으리라. 교문을 지나 정류장으로 달렸다. 멀리 보이는 구부정한 모습, 아버지는 정류장 뒤편에 선 채 정문을 바라보고 있다가 나를 발견하고는 뒤로 돌아서면서 똥색 청자 담배갑을 꺼내 들었다.
 내 주머니 속 245,000원이 든든하다. 길 건너 대학촌에서 커피부터 마셔요. 저 골목 뒤편 우리 과 선후배들이 사랑방처럼 드나드는 부흥집에 가서 소주도 드시고요. 아버지는 두말없이 내가 하자는 대로 따라오셨다. 홍콩반점 옆의 호프집에 들러 맥주로 입가심까지 하고 나서야 우리는 정류장으로 돌아왔다. 아버지가 출근할 시간이었다. 그날이 내가 주민등록증을 발급받은 이후로 아버지와 단둘이만 함께했던 마지막 시간이었다.

아버지를 보내드리고, 졸업여행인지 수학여행인지를 포기한 나는 바다로 떠났다. 일주일쯤 어디든지 돌아다니고 싶었다. 입대 전에 가슴 속 응어리로 남은 찌꺼기를 몽땅 털고 싶었다. 그러나 겨우 하루 만에 나는 처참하게 망가져 돌아왔다. 내 머리에 각인된 첫사랑의 여운은 나의 기억에서 빠져나갈 기미가 없었고 그의 흔적을 스스로 쫓아낼 의지마저 없음을 깨달았다. 유약한 감상의 테두리 속에서 헤매던 내 찌든 청춘과 구차한 일상만으로도 벅찼을 아버지의 고단한 세월. 그때 아버지가 짊어졌을 삶의 중압감과 내 첫사랑의 상실감을 저울에 달아보면 뭐가 더 무거웠을까? 비교 자체가 어불성설이지만 확신하는 한 가지, 나와 아버지 모두에게 삶은 갈증(渴症)이었다. 대간한 목마름이었다.

1983년 장미꽃이 한창이던 초여름 나는 훈련소로 떠났다. 머리를 빡빡 자른 입대자들이 논산행 고속버스를 꽉 메웠다. 아버지는 내가 힘들까 봐 안타깝고 나는 아버지 등을 눌러대는 짐이 무거울까 걱정이었다. 광산 떠나 서울로 이사 오던 날 아버지는 든든한 기둥이었다. 그렇게 여겼다는 말이 맞겠다. 이제는 걱정되는 아버지를 남기고 다른 세상으로 내가 떠난다. 다녀오라는 한 마디가 말주변 없는 아버지의 전날 밤 인사였다. 건강 하라는 당부의 말씀도 물론 있었다. 터미널까지 함께 가겠다던 아버지를 굳이 말리고 떠나와 그제야 버스 창 너머 바깥을 바라보며 아버지를 불러본다. 멋대가리 없기가 꼭 아버지를 닮았다. 사내 녀석이 뭔 눈물이냐며 한소리 하셨을 아버지에게, 쑥스러워 차마 하지 못했던 인사를 그제야 전한다. 다녀오겠습니다. 건강하세요.

그해 겨울, 미운 햇살

　　10월 말부터 일찌감치 찬 기운이 맴돌았다. 새벽녘 어스름을 헤쳐 빛나는 햇살이 기숙사 창문을 뚫고 방안 깊숙이 들어왔다. 담장 옆 대로변을 달려보겠다고 결심한 첫날, 운동복을 갖춰 입고 밖으로 나선다. 꽁꽁 얼어 미끄러운 철계단을 내려가기 쉽지 않고 새벽 찬바람마저 까칠하게 내 앞을 막는다. 나가려던 생각이 쏙 들어간다. 방으로 돌아왔다. 그가 있는 곳, 위도상 칭다오와 비슷한 바다 건너 서울은 훨씬 더 춥겠지. 내일은 그가 오는 날이다.

　　서울, 1987년 겨울 : 특명이 떨어졌다. 말 많고 까다로운 모 거래처를 완전히 정리하거나 우리 조건을 관철하여 거래를 계속

하든가 결론을 내리라는 지시를 받고 거래처를 찾아갔다. 주차장에서 차를 내린 여자가 내 앞에서 엘리베이터 앞으로 걸어가고 있었다. 출렁대는 웨이브, 커다란 호보 가죽 가방과 이마 위에 걸친 선글라스가 인상 깊었다. 저 사람이 오늘 만나볼 사람이라면 그 회사와의 거래는 계속될 거라는 확신이 밑도 끝도 없이 꿈틀했다.

홍콩 카이탁 공항, 1999년 겨울 : 업무상의 식사 자리도 마다하던 그녀가 웬일로 도착하자마자 가볍게 한 잔까지 제안한다. 복잡한 업무나 머리 아픈 술보다 그냥 쉬고 싶었다는 것을 나중에 알았다. 일본식 가라오케 클럽의 한국 마담이 화들짝 반긴다. 새끼손가락을 치켜들며 눈을 찡긋한다. 맥주 한 잔 앞에 놓고 〈그리움만 쌓이네〉를 그녀는 세 번이나 불렀다. 평소와 달라 보여 적잖이 당황했으나 이유를 물을 분위기가 아니었다.

구룡반도, 1999년 겨울 같은 날 자정 : 침사츄이 중심가는 여전히 휘황찬란하다. 천년 주기 밀레니엄 앞에서 세기말적인 종말론이 흉흉하다. 어떻게든 되겠지, 라는 자포자기와 그럴 일 없다는 낙관 속에 강남 크기나 될까, 작은 도시국가가 절망과 희망이 뒤섞인 채 몸살을 앓는다. Kowloon 호텔 앞에서 그가 내 등을 토닥거리며 어깨를 안아준다. "고마워요…. 오늘 모든 것." 고마운 건 난데.

틀림없이 그였다. 옆모습이 칠팔 년 전 홍콩에서보다 더 통통해 보일 뿐 짙은 선글라스와 파마 웨이브를 보면서 확신했다. 탑승구 앞 의자에 앉아 핸드폰과는 다른, 처음 보는 기기를 계속 두드리고 있었다. 여행은 사람을 풀어지게 만든다. 쓸데없는 실수는 금물, 멀리 떨어져 살펴보며 한참을 서성댔다. 얼굴을 들어 피곤한 눈을 잠깐 쉴 법도 하건만 겹쳐 꼰 다리조차 풀지 않고 석고상처럼 움직이지 않는다.

가까이 다가가 이름을 불렀다. 선글라스를 들어 올리며 눈을 깜박이는 그 얼굴이 환하게 웃는다. 다행이었다. 내가 생각한 그 사람이고, 내 이름을 정확히 기억했으며 무엇보다 그의 입에서 나온 첫 마디가 나를 편하게 만들었다. 누군가로부터 내 소식을 들었으며 나를 찾고 싶었다는 말. 내가 내키지 않게 그와 마주친 불청객은 아니라서 다행이었다.

시간이 없었다. 그는 바로 떠날 사람이고 난 금방 도착했다. 만날 약속을 잡고 자시고 할 여지가 전혀 없다.

"금방 올 거예요. 한두 주 정도? 출발 전에 미리 연락 드릴게."

그가 먼저 탑승구 안으로 사라졌다. 나도 가야지. 공항 청사를 빠져나온다. 지금쯤 기숙사는 텅텅 비어있을 것이다. 하늘이 까맣다. 비가 올라나.

그 동네에서는 보기 힘들다는 눈이 늦은 밤부터 온 세상을 하얗게 도배했다. 경비일 보는 한족 아저씨 말을 빌자면 십여 년 만에 처음이라 했다. 내일 도착할 손님을 맞이하는 반가운 첫눈인지 아니면 지난번의 해후(邂逅)를 시기하는 심술인지 밤새 쉬지 않고 내렸다. 야간 근무조 직원들이 휴식 시간 동안 마당으로 나와 강아지처럼 펄떡펄떡 뛰어다니고 한쪽에서는 공장 주변의 눈을 치우느라 땀을 뻘뻘 흘렸다.

오전 열 시 도착 예정 비행기는 연착을 거듭하다가 저녁 8시쯤 내렸다. 전화벨이 울린다. 입국 심사대 앞에서 기다리는 중이라며 수화기 저쪽에서 그녀가 속사포처럼 내뱉는다.

"온종일 굶었어요. 사람을 비행기에 가둬놓고 어떻게 이럴 수 있는 거야. 그리고 이런 일이 하필 왜 오늘이람! 하늘도 비행기도 다 미쳤나 봐. 배고파 죽겠어. 우선 뭐라도 먹어요."

된장찌개, 파전, 갈비찜 그리고 소면 한 그릇까지 남김없이 비우고 나서야 표정이 느긋하다.

"실내 장식이 따듯하네요." 맛있게 먹었다는 그녀만의 인사법이다. 그가 머무는 숙소까지 배웅했다. 그녀가 정녕 필요한 것은 잠, 호텔 정문으로 향하는 그녀의 어깨가 축 처졌다.
 다음 날 막 비행기로 떠난 그녀가 서울에 도착하여 블랙베리로 메일을 보내왔다.

I am on my way home by airport limousine. Seoul makes me comfortable. Want to thank you for all during my stay in Qingdao. Take care.

 시꺼먼 창문에 하얗게 김이 서린다. 하루 전 눈보라에 이어 강추위도 몰려왔다. 그의 눈만큼 커다란 함박눈이 퍼붓더니 먼 산 넘어온 바닷바람까지 창을 흔들어댄다. 그저께도 추웠었지. 보내기를 누르고 보니 답장이 객쩍다.
 "서울은 춥다던데, 이불 잘 덮고 주무세요."

 하루하루가 모여 계절이 바뀌고 다시 일 년이 지나갔다. 겨울이 한참인데 나는 어쩌자고 다음 철을 기다리는지. 나만 그런가. 창문을 비집고 들어온 그림자가 매일 조금씩 짧아진다. 얼굴에서 허리로 그리고 기어코 발아래까지 내려간다. 게으른 봄날이 야금야금 그렇게 오는 중인지도 모른다. 졸린 눈을 비빈다. 미운 햇살이 침대 발치로 툭툭 떨어진다.

꽃들의 아우성

 시골집 안팎에 꽃동산이 펼쳐졌다. 이파리 뾰족한 이것이 엉겅퀴, 이건 달맞이꽃, 민들레, 봉숭아…. 내가 묻고 엄마가 이름을 대면 난 종이 위에 번호를 매기며 이름을 적어 내려간다. 보건소의 의사 선생님이 권유한 놀이방법이다. 백 개도 더 될 것 같다는 내 말을 엄마는 심드렁하게 받는다.

 "글쎄다, 한참 세다 보면 숫자가 생각이 안 나네."

 "이름이 뭔지는 아시고요?"

 내 가슴팍 높이에서 빼꼼히 나를 올려보는 엄마 눈초리가 매섭다. 이름? 그것도 모르는 줄 아느냐, 괘씸하다고 따지는 눈치다. 아니라고 엄마를 토닥이면서도 난 여전히 궁금하다. 하나, 둘, 셋, 넷, 차례대로 세어가던 숫자는 중간에 잊는다면서 그 많은 풀과 꽃들 이름을 어떻게 담고 사는지, 흰 머리 풀풀 내린 둘째 아들은 내일모레 아흔 줄인 늙은 어미의 기억 방식을 받아들이기 쉽지 않다.

하나씩 이름을 적다 보니 쉰을 넘겼다. 엄마와의 숫자 놀이가 따분하다고 여기며 꽃밭에 파묻힌 엄마를 놔두고 슬쩍 바깥으로 나와 은행나무 밑에서 담장 주변을 바라본다. 저 많은 생명체가 언제 여기로 왔을까, 엄마가 심었는지 바람 따라 물 따라 흘러 흘러왔는지, 그리고 그 이름을 엄마는 언제 알아 어찌 외웠는지. 흠칫 놀란다. 바로 나네! 갓 오십을 넘어 가끔은 따분하고, 내가 어디서 뭐 하는지 종종 궁금하고? 지금껏 살아온 나의 행적과 다를 게 뭐냐.

내 눈엔 고리타분하고 허울뿐인 왕손 집안의 종부(宗婦) 자리를 엄마는 벼슬로 여겼다. 입바른 소리로 둘째가라면 서운한 엄마였다. 촌수와 나이를 따질 것 없이 엄마의 한 마디를 피해간 집안 사람은 없다고 들었다. 괄괄한 성격 그대로 그 누구였든 간에 상대를 몰아붙이는 종부의 독설과 고집은 주위 사람들을 피곤하게 했다. 아버지마저도 엄마의 괴팍함에서 벗어날 수 없었다.

가족 누군가가 엄마 좀 혼내주라고 아버지더러 부추겨도 돌아오는 대답은 항상 똑같았다. "'라이터돌'만한 네 엄마, 혼낼 데나 어디 있냐?"라고. 아무리 기억을 더듬어도 아버지는 돌아가실 때까지 평생 엄마를 이긴 적 없다. 아니, 일부러 져주셨을 것이다. 그랬던 엄마가 이젠 일상의 소소한 일들을 자꾸 혼동하신다. 늦둥이 막내가 약해빠져 걱정이라며 땅이 꺼지게 한숨이고 전화도 안 받는다고 역정을 부리신다. 몇 해 전 마흔 나이로 삶을 마감한 그에게.

아버지께서 세상을 떠난 후 엄마를 모시는 문제로 의견이 분분했다. 인류 역사상 자식이 부모를 모시지 않는(싫은?) 이유는 시대를 뛰어넘어 대부분 일치한다. 핏줄을 향한 본능적인 애정이 견딜 수 있는 한계를 넘어설 때의 귀찮음이 밑바탕에 깔려있다. 편하고 싶다는 욕망, 그런 것. 결론을 내렸다. 친정과 시댁 중간쯤에 집을 한 채 준비해서 모시기로. 우리도 자주(?) 내려갈 수 있고 엄마는 친정 쪽 일가들이 옆에 있어 편안하실 거라며.

이듬해 봄, 떼도 아직 살아나지 않은 아버지 무덤 위에 새순 하나가 야무지게 돋아났다. 밤톨 하나가 내려앉아 추운 겨울을 나고 따듯한 봄기운을 받아 싹을 틔운 것이다. 우리는 이 나무가 아버지의 분신이라 단정했다. 손가락 크기의 새순을 뿌리째 뽑아와서 엄마 계신 시골집으로 옮겨 심고는 '아버지 나무'라고 이름 지었다. 서너 해가 지나자 애송이 풋밤 몇 알이 탐스럽게 열렸다. 몇 해 전 늦가을, 벼락을 동반한 거센 태풍이 나무 몸통을 통째로 부러뜨릴 때까지 '아버지 나무'는 잘 여문 밤을 꼬박꼬박 푸짐하게 내놨다.

작은 돌멩이로 경계를 가른 꽃밭, 돌 틈 사이로 고개를 내민 채송화가 앙증맞다. 색깔이 열 가지도 넘는 줄 처음 알았다. 원체 작은 체구였지만 이제는 쪼그라들어 아이 만한 엄마가 자그마한 채송화와 겹쳐 안쓰럽다. 집 근처에서 한두 포기씩 뽑아 옮겨와 심을 때마다, 며칠 전까지 보이지 않던 풀이나 꽃이 마당 한구석에 덜렁 피어있을 때마다, 엄마는 무슨 생각을 하셨을까. 풀꽃보다 못한 애들, 다 부질없다?

늦은 봄날, 세상이 잠잠하다. 꽃과 풀은 마당 본 주인이고 새와 바람은 멋대로 들락대는 손님이며 친구다, 물색없이 바쁜 자식 대신 사계절 내내 그들이 엄마의 곁을 든든히 지킨다. 담장 밖에는 반 토막 난 밤나무가 라이터돌만한 엄마를 묵묵히 바라본다. 아홉 달 반을 품어 내놨더니 정작 당신이 보고 싶을 땐 옆에 없는 아들딸이 뭔 소용이랴. 문 열면 환하게 웃는 풀과 나무와 꽃들로부터 엄마는 더 많은 위안을 얻는지도 모를 일이다.

재들, 눈치코치 없이 피어나는 그러나 엄마 눈에는 마냥 예쁜 꽃들. 좀 봐달라고, 빛깔이 곱지 않으냐고, 아니, 재보다 잘난 자기 먼저 쳐다보라고 서로들 아우성인가. 무심한 것! 푼수 같은 예쁜이들! 엄마 모르게 꿀밤이라도 한 대 쥐어박고 싶으나 아버지 생전 말씀처럼 손톱 크기 그들에게는 내 주먹이 닿을 구석조차 없다. 빼꼿 열린 양철 대문 틈을 기웃거리던 뒷집 점박이가 안으로 들어오려다가 슬그머니 뒷걸음질 친다.

사정이야 어쨌든 미안했다. 달리 보면 사시사철 화사한 꽃 속에 묻혀 사시는 엄마야말로 진정 행복한 분일 거라면서 스스로 낯간지럽게 변명을 늘어놓는 내가 화들짝 머쓱하다. 누가 뭐래도 권력과 돈 만한 것 없다는 요즘 세상에서 행복이 그렇게 단순한 잣대로 결정된다면, 하루가 다르게 기억이 흐려가는 엄마가 꽃만으로 행복할 수 있다면…

툇마루에 엄마를 앉혀드리고 밖으로 나와 시골집을 바라본다. 지구촌 작은 나라, 충청도 오지 산골의 조그만 집, 시멘트 담과 슬레이트 지붕, 풀과 꽃… 머잖아 엄마는 꽃이 예쁜지 미운지, 피었는지 졌는지, 그 꽃이 있는지 없는지조차 시나브로 잊어갈 테다. 그러거나 말거나 당신 생김새처럼 아담한 꽃밭에, 낮은 담

귀퉁이에 옹기종기 모여 앉은 철부지들의 소리 없는 수다는 멈추지 않을 것이다. 나 죽을 때 되어 눈멀고 귀 닫히면 또 모를까.

여기나 거기나

 할아버지네 들어서자마자 찾는 곳이 마당 구석의 오동나무 통절구였다. 깨금발을 짚어 들어 올린 광주리 덮개 밑에 과일이 수북이 쌓였다. 두 눈으로 직접 확인했으니 이번에는 없다는 말 못 할 거라 기대한 내 어리숙함이 한 번 더 무참하게 짓밟힌다. 없다! 쌀쌀맞게 돌아서는 할머니가 해마다 변함없이 속상하다. 땅바닥을 바라보며 낮게 쫑알거린다. '있다!'
 문지방에서 바라보던 할아버지가 마당으로 내려섰다.
 "없다지?"
 "…"
 "뒤쪽 골방에 가 있으려무나."
 "예."

할아버지가 집안의 높은 분이라 사람이 많이 드나든다. 내 또래 애들만 예닐곱 넘게 왔다 갔다 한다. 할머니 몰래 살금살금 뒤뜰로 통하는 구석방으로 숨어든다. 할아버지는 뒷문에서 나타났다. 감을 건네주는데 목소리가 은근하다.

"먹어라, 얼른. 사람들 보기 전에."

껍질째 한 입 베어 문다. 아삭하다.

"달지? 침 담갔다."

"침을 담가요? 퉤퉤?"

"소금물에 사나흘 넣어두는 거야. 떨떠름하면 먹기 나쁘잖니."

"왜 떫어요?"

"막 땄으니 떫지."

"아이고, 할아버지. 그거야 알지요. 왜 떫으냐고요?"

"처음부터 떫은데 방법이 있더냐?"

"우리 동네에서는 금방 따온 것도 단데."

"할아비는 모른다. 학교 가서 물어보렴."

"할아버지 모르는 걸 학교에서 뭔 재주로 알려줘요?"

"선생님은 다 안다. 물어나 봐."

할아버지를 붙들고 늘어지는 재미가 쏠쏠하다. 답을 못할수록 더 신이 난다.

"근데, 요놈들은 왜 주황색이에요?"

"허허, 원래 그런 걸 이유가 따로 있나. 네가 연구해봐."

"예, 나중에 공부해서 알려줄게요. 얘들은 어서 났어요?"

"더 주랴?"

"아니요. 궁금해서. 할머니는 맨날 없다고 거짓 뽀롱만 늘어놓으니까."

"할미? 소갈딱지 없는 여자다. 너는 남자 아니냐. 이해해라. 감, 많아. 저기 좀 볼래!"

소갈딱지는 뭐람. 할미, 여자, 이해, 그게 뭔지도 모르겠다. 할아버지가 곰방대로 가리키는 쪽문 밖을 올려다본다. 돌담 너머 뒷집 아저씨네 나뭇가지에 다닥다닥 매달린 열매가 골방 안으로 쑥 들어온다. 환하다. 추석 지나 눈 내릴 때까지 어니 가나 지천으로 널린 땡감이었다.

가을이 깊다. 진주에서 고속도로를 빠져나와 하동으로 방향을 바꾸었다. 섬진강 국도 따라 구례 쪽으로 달리다 계곡 끝자락과 강이 만나는 곳, 한산한 장터 앞에 차를 세웠다. 네 시간 남짓 긴 여행의 끝, 행상 할머니가 쉴 틈도 주지 않고 대든다.

"뭐 사시게? 지리산 자락 나물과 약초 많아요. 감은 달고 밤은 고소하지."

"여기서 악양까지 얼마나 됩니까?"

"거기나 여기나. 악양(岳陽)면도 화개(花開)면도 전부 하동(河東)인데!"

"아, 악양도 하동이에요?"

"그럼, 한 집 건너 사촌이고 두 집 지나 사돈이라."

길섶 가판대 위로 겹겹이 쌓아놓은 감이 저녁놀 받아 발갛게 물들어간다. 굵다.

"악양 대봉이 이름났더군요. 요즘이 철이라던데."

"여기나 거기나. 거기 물건 다 이리로 모인다우. 궁금하면 가봐요. 멀지 않으니."

"거기 가면 쌀까요?"

"거기가 여기라니까."

여기가 거기이며 거기 감이 곧 여기 감, 얘기가 끝이 없다.

"악양의 뜻이나 유래를 혹시 아십니까?"

"몰라, 그런 건. 면사무소에나 가보시구려."

내 할아버지처럼 이 할머니도 딴 곳에다 물어보란다. 예나 제나 어른이 되면 모르는 게 많다. 장터에서 악양면까지는 십여 분 남짓 거리, 악양이라는 동네의 지명 변천사를 촌로(村老)에게

확인하려 했던 내가 잘못됐지. 이름이 특이해서 갖게 된 호기심은 일단 접었다.

지난해 여기서 만났던 진주댁이 혹시 또 왔나 싶어 주위를 둘러본다. 사전 약속 없이 나를 만나러 여기까지 와 있을 턱이 없다. 그때는 텃세 센 현지 상인들 눈치 보기 급급한 그녀와 대충 타협해 서둘러 두 상자를 차에 싣고 돌아왔다. 값 좋고 물건도 실했다. 도회지 마트나 청과물 시장보다 훌륭한 품질의 감을 소위 요즘 말로 착한 가격에 사서 즐거웠다. 전화번호나 따둘걸. '거기나 여기나'를 줄기차게 외치는 할머니 앞으로 돌아왔다.

"얼마래요?"

잠깐 화들짝 반가운 표정을 뒤로 그녀가 찬찬히 나를 훑는다. 낚였네.

"박스째 떼어 가면 값이 좋은데."

"두 상자 사면 더 싸겠네요?"

고개 들어 눈을 흘기는 할멈 얼굴이 환해진다.

"잔소리가 두 말이야."

두말하면 잔소리라는 말인지 잔소리가 많다는 뜻인지 애매하다. 그러거나 말거나 할머니는 빈 상자 속에 주섬주섬 감을 주워 담기 시작한다. 수십 년 장사 경험으로 사람을 다루는 방식에 이력이 났을 것이다. 몇 개 산다는 말 안 했는데. 할머니가 이겼다. 꾸물거리면 나만 더 바보 되겠다.

"세 상자 합시다. 덤이나 듬뿍, 네!"

할멈의 입술 꼬리가 귀에 걸리고 앉은뱅이 의자에 앉아 노닥거리기 바쁘던 주변 노점상들이 엉덩이를 들썩이며 감 집어넣는 할머니를 곁눈질한다.

할아버지 하던 대로 튼실한 놈 몇 개 골라 침 담가 먹고 나머지는 바람 잘 통하는 곳에 놔둬야지. 겨울이 깊을수록 물컹거려 한 입 베어 물기 바쁘게 손과 입술 주변에 주황 과육이 엉겨 붙는다. 그나마 정월 중순 전에 동날 것이고 아쉬워 입맛 다시다 보면 게으른 봄날이 코앞이겠다.

부탁

늦더라도 미안해하지 말고
궁금해도 전화하지마
그냥 만나
넌 든든한 나무로
난 흔들리는 이파리로

3.
벌거벗은 초상(肖像)

갇히다

 부엌 창문을 연다. 뒤뜰을 바라보는 자그만 틀 속에 넓은 세상이 담겼다. 지금은 녹색의 나라다. 때로는 흰색이다. 갈색만 두어 달 계속되기도 한다. 울긋불긋한 오후가 춤을 추며, 비바람 속에 저녁나절이 휘청대고 밤새워 팟대를 세운 서릿발 위로 차가운 새벽 어스름이 서성거린 적도 있었다. 창틀로 들어온 여러 풍경 중에서도 여름으로 접어든 이 무렵의 녹음(綠陰)을 나는 으뜸으로 친다.

 중학교 시절과 달랐다. 확실히 바뀌었다는 점을 실감케 해주는 과목 중 하나가 윤리였다. 아리스토텔레스와 플라톤, 헬레니즘과 헤브라이즘 그리고 니체, 루소, 마르크스 등을 망라한, 철학과 이념, 예술, 역사 등 고상한(?) 용어와 위인들이 책 속에서 튀어나왔다. 고등학생이 된 지 얼마라고, 몇 개월 전의 나였던 중학생을 애 취급하기 시작했다.

근대철학의 아버지라는 수식어는 데카르트에게 붙여진 칭호였다. "나는 생각한다. 고로 나는 존재한다."라는 그의 어록이 단골 시험문제라는 선생님 말씀에 줄을 긋고 별표도 몇 개 붙였다. 생각할수록 깊이 있어 보이고 의미 있는 말 같았다. 철학이 그런 거였나. 생각하기 때문에 존재한다는 지엄한 명제는, 이 말 자체의 옳고 그름을 의심하거나 토론의 대상일 수 없었다. 중세 암흑기 이후 서양 철학의 출발점으로 떠오른 대가의 얘기를 누가 감히….

그 후로 40년 세월이 훌쩍 지났다. 다수의 평범한 사람들처럼 내 인생도, 생각과 존재 중 뭐가 중하다거나 먼저인지 따질 만큼 철학적이거나 특별하지 않았으나 데카르트는 나에게 여전히 위대한 인물이었다. '합리론'이라는 용어의 이미지 효과였는지도 모르겠다. 낮 기온이 38도를 웃돌던 한여름 오후, 고등학교 후배가 보내온 문자 한 통으로 인해 나의 고정관념을 돌아볼 시간이 생겼다.

SNS 시대 대중들에게 인지도 대단한 스님의 글 한 편, 그 분

량은 짧았으나 속에 담긴 파괴력이 컸다. 생각하기 때문에 존재한다던 철학자의 명구를 존재하기 때문에 생각한다고 바꾸어 주장한다. 존재의 가치를 논함에 있어 '왜'가 아닌 '어떻게'가 중요하고, 아침에 눈을 뜨면 '왜 사는 거지'가 아닌 '어떻게 살까'를 고민하라는 내용이 얘기의 핵심이었다.

그리 새로울 것 없는 말들이 한편으로 신선한 충격이었다. 교과서가 그렇다고 말하니까, 시험에 나온다니까, 전 세계가 인정하는 철학자의 말이니까, 등의 이유로 40년 세월 동안 난 한 번도 의심 없이 그 어록을 말 그대로 받아들였다. 그의 학설이 틀렸다는 주장은 아니다. 사유의 방법에 관한 설명이 합리론의 요체라서 어구를 두고 따질 일은 아니다. 그게 뭐든 타당성과 문제점을 생각해보는 과정을 아예 덮고 지내온 나의 아둔함이 답답했다는 말이다.

뒤돌아본다. 어리숙하고 세심하지 못한 사선은 부지기수로 많았다. 딕과 제인(Dick and Jane)은 초등학교 교과서의 철수와 영희쯤 되는 흔한 영어 이름이자 오랜 팝송 제목이기도 하다. 고등학교 진학 전 겨울방학, 이 노래를 부른 가수의 달콤한 영어 발음을 익혀보겠다며 기타 연습 겸해 손가락에 피멍이 맺히도록 불러댔다. Dick이라는 어리바리 남자애가 동네 예쁜 여학생

Jane을 좋아했다는 뜻 정도로 가사도 대충 이해했다.

얼마 전 선배 한 분이 이 곡을 동영상으로 보내왔다. 볼륨을 높여 듣다가 뜻밖의 사실을 알아냈다. 주인공은 중학 시절부터 제인을 사랑했으나 그녀는 주인공이 아닌 딕과 결혼했고 세월이 흘러 그녀의 부고를 접한 주인공이 장례식에 가서 그녀를 회상한다는, 어떻게 보면 지질한 남자의 아주 흔해 빠진 순애보였다. 문제는 내가 40년이 훨씬 지난 지금껏 노랫말의 주인공이 예쁜 소녀 Jane을 사랑한 얼간이 Dick이라고 착각했다는 점이다.

단어를 모른다거나 문장을 해석하지 못해 잘못 안 것이 아니었다. 처음 받아들인 사실을 특별한 동기가 없는 한엔 바꾸기를 주저하는 평소 습관이 문제였다. 핸드폰을 뒤져 후배가 보내준 스님 얘기를 다시 읽어본다. 사람이 있어 생각이든 뭐든 하는 거지, 나 없는 곳에서 내 생각이 존재할 수 없다는 내용 자체야 철학적인 숙고 따위와 관계없이 옳은 말이다.

식탁 위 등을 끈다. 봄엔 예쁜 꽃을 피웠고 가을엔 빛바랜 이파리를 하염없이 떨군 적도 있었다. 한때는 눈 내리는 겨울이었던 바깥 뒤뜰이 지금은 푸르른 여름이다. 잿빛 사마귀 한 마리가 창문 밖 방충망에 달라붙어 방향을 돌려가며 집안을 기웃거린다. 저것이….

슬쩍 불안하다. 창틀을 통해 보는 뒤뜰의 모습이 내가 아는 세상 전부는 분명히 아닌 줄 알면서 난 내 눈에 잡히는 것만 보며 지내온 것이 아닐까 싶어서. 요모조모 따져볼 요량도 없이 데카르트의 말을 그럴듯하다고 인정했으며 가사의 주인공이 딕이라고 확신했다. 창을 통해 바깥에 보이는 풍경만으로 계절을 넘겨짚듯 미닫이창 너머 그 너른 세상을 내 멋대로 해석하면서 살아온 것은 아닌지 그리고 내 눈에 비친 세상 모습은 실제와 얼마나 다를지를 더 늦기 전에 다시 가늠해봐야겠다.

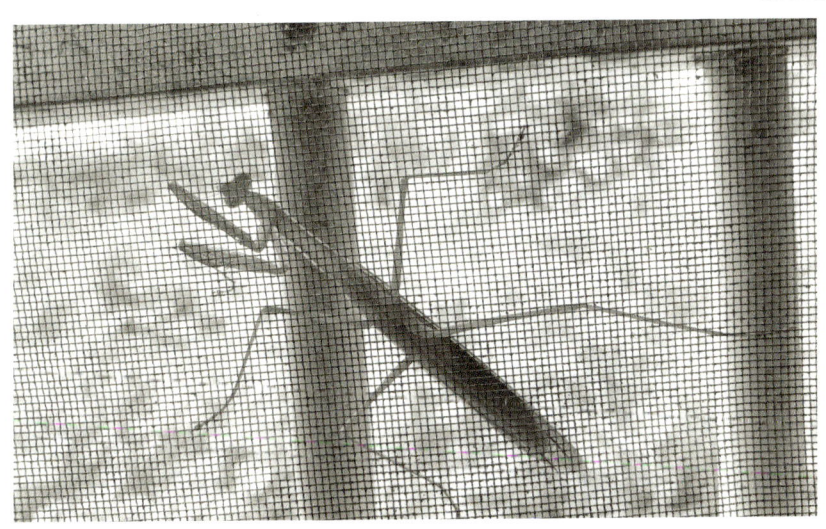

갇히다

두고두고 아플 거면서

　　경칩 지나 달포째, 예년보다 춥고 개구리 울음소리를 아직껏 듣지 못했다. 바깥 한길 저편 가로등 불빛이 마당을 건너와 안방까지 숨어들었다. 머리 위로 이불을 끌어당겨 빛을 가린다. 부러진 커튼 걸이나 고쳐둘걸. 납작한 물건이 팔꿈치를 짓누른다. 탁자 위 충전기에 꽂아둔 핸드폰이 왜 이곳에 있을까. 받지 못한 알림 표시가 화면 상단에 보인다. 꼭두새벽에 전화는 또 누가. 입안이 말랐다. 목도 잠겼다. 일어나고 싶은데 몸이 말을 듣지 않는다.

　　"임종 면회일 겁니다." 사나흘 전 요양원 사무실에서 가족들 모두 모셔야겠다고 연락이 왔다. 아흔다섯 엄마의 인생에 아쉬울

게 뭐일까만 그건 살아있는 사람들 얘기일 뿐, 염라대왕 앞 불구덩이보다 개똥밭에 굴러도 이승이 좋다지 않던가. 죽음의 문턱에 선 사람은 세상 인연을 등진다는 두려움과 함께 조금 더 살고 싶다는 욕구가 있지 않을까 싶다. 내 생각을 읽기라도 했는지 담당 직원이 건조하게 전화를 마무리했다. "마지막 대면이라 여겨야 편해요."

보름 넘게 미동도 없이 누워 계시다 잠깐 밖으로 나온 엄마는 유리 벽 너머 휠체어 속에 푹 파묻힌 채 긴 시간 4~5분 동안 눈길 한 번 주지 못한다. 대여섯 달 내내 그 상태였다. 왜 빨리 돌아가시지 못하느냐 눈시울을 적시는 두 누이, 보다 못한 형님이 그만하자며 일어선다. 담당 간호사의 말을 빌리면 당장 오늘 저녁일 수 있고 길어봤자 열흘을 넘기기 어렵다니 뭘 어떻게 해보고 자실 틈조차 없다. 바깥으로 나와 운전석에 올라앉는다.

하필 이럴 때 주책없이 허기가 몰려온다. 이래저래 효자 되기는 글렀다. 맘 편치 않아도 끼니 꼬박꼬박 챙겨 먹고 기운차리라는 얘기마저 구차하다. 당신이라면 그러고 싶겠어? 하늘 향해 욕이라도 한바탕 내뱉고 싶다. '예당', 카페도 아닌 식당 이름이 이래도 되냐고? 심술보 터진 놀부처럼 들리고 보이는 뭐든 곱지 않다. 봄꽃 늘어진 담벼락 밑으로 거칠게 차를 댔다.

배고픈 티를 들키기 싫어 천천히 걸어가다가 뒤로 슬쩍 빠진다. 오래된 한옥 건물, 흙담 따라 늘어선 뒤뜰이 깔끔하다. 쪽마루 귀퉁이 대광주리 안에 솔방울, 조롱박과 감자에다 옥수수까지 수북이 담겼다. 늦가을부터 비바람과 눈보라를 겨우내 받아내며 처마 아래 휑한 마룻바닥에 너부러져 시들고 찌들었을 것이다. 늙은 호박 껍질이 유독 울퉁불퉁하다. 선 굵은 주름이 깊게 파였다. 우리 엄마 얼굴처럼.

새콤달콤함에다 고소함까지 듬뿍한 장어구이가 입안에서 모래알처럼 버석거린다. 배고픈 위장이야 제 알 바 아니라고 철없이 투정하는 내 혓바닥, 못된 성질머리하고는…. 툴툴거리지 말고 드셔요. 그렇게 하면 미안함이 덜어지나. 네가 먹지 않아서 엄마 배가 든든해지느냐고! 그래도 편치 않은 걸 어쩌랴. 바깥으로 나간다. 문득 나뭇가지를 스치는 바람 한 점. 새벽녘 우리 집 매화는 망울 터뜨리느라 법석이던데 여기 꽃잎은 어쩌자고 벌써 흩날린다니.

평소 자상하던 부모가 돌아가실 때는 자식들을 무지 고생시킨다더라, 봐봐, 아버지를. 그 더운 날 중복을 정확히 맞추셨잖니. 땀 뻘뻘 흘리며 입관하던 날 기억나? 엄마는 길어봤자 4월을 넘기지 않을 거야. 누군가의 너스레에 피식 웃는다. 장례식장은 엄마가 그간 머물렀던 고향 땅 요양병원으로 정했다. 일개 세균 무리가 영장류 인간을 철저하게 제압했던 지난 삼 년, 화장 건수가 밀려 오일장(五日葬)이 보통인 때다. 부고를 내야 하는지조차 곤혹스럽다.

돌아오는 길 고속도로 휴게소에서 잠시 숨을 고른다. 빈 하늘은 대책 없이 맑고 머릿속은 늦가을 가로수길처럼 어수선하다. 면회 끝내고 길 떠나기 직전 자조인 듯 용감한 척 엄마 귀에 나지막이 속삭였다. "엄마, 고생 그만하고 언능 훌훌 가셔야죠." 오래오래 아플 거면서, 두고두고 후회할 거면서. 난 어쩌다 엄마 아들로 태어나서 이런 말을 해야 하는지, 내일 날에 내가 부모 되어 알아보리라… 주책 없이 하필 요럴 때 이 노래가 흘러나온담.

안방을 빠져나와 거실 소파에 주저앉는다. 새벽 5시, 동트려면 멀었다. 전화 뚜껑을 열고 발신자를 뒤적인다. 꿈? 틀림없이 봤다고 생각한 '받지 못한 전화' 표시가 없다. 때가 왔나? 그래, 엄마였겠다. 근데 왜? 작별 인사? 빨리 돌아가시라는 내 속내를 알아채서 다급하셨나. 섭섭하셨을까. 형광등을 켜려다가 털썩 주저앉는다. 밝은 등불 아래 초라하게 드러날 미안함, 꼬깃꼬깃 접어둔 부끄러움, 그런 것들. 깜깜한 어둠 속에서 눈을 질끈 감는다.

쑥대밭 위 부추꽃

뙈기밭에 지진이 일었다. 눈이 마르고 춥지도 않은 그해 겨울이 끝나기도 전에 대여섯 달을 숨죽였던 잡초들이 땅 위로 올라왔다. 풀뿐이었나, 늦가을 추워질 무렵 뒷밭에 엉성하게 찔러뒀던 양파와 마늘도 초록 줄기를 쑥 밀어 올렸다. 콩나물 모양의 연한 새싹이 뭉치 지어 땅을 뚫었다. 깍지 속에 남아 땅속에 묻힌 땅콩과 바닥에 떨어져 잠자던 꽃씨도 싹을 냈다. 생명력 강한 잡초까지 덩달아 솟아올랐고 어디서 날아왔는지 한쪽 구석에 슬쩍 자리 잡은 도라지와 생전 처음 보는 들꽃까지 대지를 가르며 얼굴을 내밀었다.

원래 기름지지 못한 땅에 퇴비 말고는 비료나 제초제도 뿌리지 않았으니 싹을 내준 것으로 감사할 일이다. 생전 처음 밭에다 뭔가 심어보겠다는 사람이 작물 재배의 기본인 풀 뽑기와 가지치기까지 내팽개쳤다. 성하게 자란 그들 덕분에 무지함에 더해진 나의 게으름이 조금은 덮어졌으니 또 고마운 일이다.

파와 부추는 모양과 맛이 전혀 다른데도 부추 얘기가 나오면 나는 파를 떠올린다. 어릴 적부터 향이 강한 파가 싫었다. 굵기와 색이 파와 비슷하다는 죄 아닌 죄로 부추가 내 눈 밖에 난 거야 어쩔 수 없다 치더라도 부추 전이나 부추겉절이까지 멀리하는 내 식성은 인간 사회의 신분제도나 연좌제와 다를 것 없다 여겨 쓴웃음을 짓곤 한다. 오이소박이를 즐겨 먹으면서도 그 안의 부추 소는 남들 모르게 덜어내고 먹을 만큼 싫은 건 그냥 싫다.

두 해 전, 빈 땅에 봄 채소를 심어보려고 모종 가게에 들렀다. 주인의 권유대로 부추 모종 열 개를 들고 왔다. 퇴비만 듬뿍 주면 알아서 자란다는 장점과 해가 바뀌어도 이삼 년쯤 계속해서 싹을 낸다는 편리함 앞에서도 한참을 미적거렸다. 그거 몸에 좋아요, 남자들한텐 최고야. 나이 지긋한 할머니가 꾹 찔러준 한마디에 결심이 섰다. 남아도는 땅 잡초만 무성할 텐데 비워둬 뭐 하랴.

초짜 농부 오 년이면 두렁도 일군다. 고랑과 이랑을 이해하기까지 삼사 년 넘게 걸렸다. 쇠스랑과 삽, 호미 등을 사용하여 씨를 뿌리기 전 상태의 밭을 일구기까지는 이삼 년 시간이 더 필요했다. 주변 농가의 농사법을 눈동냥으로 대충 배운 탓에 수확이 좋은 편은 아니었어도 채소란 채소는 대부분 심어봤다. 씨 뿌려 키울 때와 모종 심을 경우의 차이도 눈에 들어왔다. 촌 동네로 이사 온 초기엔 며칠씩 걸리던 밭 고르기 작업이 그날은 반나절 만에 끝났다. 물과 퇴비까지 넉넉히 뿌렸다. 새로 온 손님 부추에게는 서비스로 한 삽 더 인심 썼다.

육체적으로 그리고 정신적으로 미성숙한 대상을 돌보거나 키우는 일은, 그들을 지켜보며 보듬어줄 일련의 의무와 책임을 수반한다. 의사 표현이 서투르거나 불가능한 그들의 특성상 표정과 상황으로 짐작하여 처리할 수밖에 없다. 다행인지 불행인지 움직이지 못하는 식물은 생육 환경에 스스로 자신을 맞춰가는 특질이 있고 웬만하면 자체적으로 문제점을 해결할 수 있도록 강인한 체질을 갖춘다. 부추가 그랬다. 해주는 것 없는데도 무럭무럭 자랐다.

한 뼘쯤 자란 부추를 삭둑 베어 먹고 얼마 지나지 않아 다시 훌쩍 자란 부추를 쳐다보는 재미가 쏠쏠했다. 우기 시작 전까지 그랬다는 말이다. 계속 내리는 비로 날씨는 습했고, 장마 끝 무렵엔 비를 동반한 태풍이 몰려왔다. 그 핑계를 대고 하루 한 번은 꼭 하던 잡초 뽑기를 중단했다. 풀을 뽑아야 하는 당위성이 작업의 어려움에 밀려 뒷걸음질 쳤다. 어쩌면 내버려 두는 것이 최선일 수 있다고 영 이유답지 않은 이유를 내세웠다. 텃밭은 미니 정글로 변하고 있었다. 부엌 창으로 바라보는 뒤뜰이 푸름으로 뒤덮인 자연 자체였다는 사실이 그나마 위안이었다. 매미가 울기 시작했다.

한 달 남짓 힘을 키운 잡초들이 텃밭을 완전히 장악했다. 고구마와 서리태, 땅콩과 고추 위로 풀이 무섭게 올라가고 토마토와 오이 몫으로 설치한 지지대는 그들의 사다리였다. 애들 소꿉장난하듯 심어놓은 내 채소밭을 짓뭉개가면서 그들의 영토를 차곡차곡 넓혀가고 있었다. 텃밭을 방문하는 횟수가 점점 줄기 시작했고 급기야 뒤뜰 순찰을 멈췄다. 채소 크는 모습을 바라보며 신기하고 즐겁던 감동은 딱 두 달 만에 허무하게 끝나버렸다.

계절이 바뀌었다. 이른 새벽, 습관처럼 부엌 창을 열었다. 달라진 모습이 한눈에 잡힌다. 옥수수 대보다 두꺼운 줄기 위에 총총 매달린 이파리가 그물처럼 촘촘히 텃밭 전체를 뒤덮고 있었다. 그보다 더 놀라운 모습이 눈길을 끌었다. 내 머리보다 높은 이파리 위로 난(蘭)처럼 가는 줄기들이 떼 지어 올랐다. 우산 위에 뭔가가 올라선 듯한 풍경 그리고 그 정점에 손톱 크기의 하얀 꽃이 도도하게 피어있었다. 뒤뜰로 뛰어나갔다.

예상치 못한 사태가 뜰 안에 펼쳐지고 있었다. 잡초 위 그물막은 국이나 떡, 나물 재료로 사용되는, 얌전히 땅바닥 옆으로나 뻗어갈 줄 알았던 쑥이었다. 쑥대밭이 뭔지를 실감하면서 꽃 달린 줄기 따라 덤불을 헤쳐 땅 아래쪽으로 더듬으며 내려갔다. 심은 적 없는, 처음 보는, 그렇다고 화려하지도 않은 꽃이 거친 쑥대 숲을 뚫고 솟아오른 줄기 끝에 매달려 있으니 그럴 필연성이라도 있는 걸까, 그렇다면 그 이유는 뭘까. 땅바닥 끝에 닿은 내 손이 마침내 주인공을 만났다. 부추!

부추꽃을 보셨나요. 산다는 일이 힘들어 심장이 터질 것처럼 아팠던 기억, 자신을 세상 무엇에도 쓸모없는 존재라 느껴 좌절했던 경험, 시린 사랑 앞에서 꼬박 뜬눈으로 지새웠던 수많은 밤. 즐겁기보다는 갑갑한 일 많은 세상입니다. 고민을 견뎌내고 해결할 방법을 이 작은 식물은 알고 있지 않을까요. 쑥대밭을 이겨낸 강인함, 우리 집 뒤뜰로 오세요. 부추꽃을 만나보세요~~~

쑥대밭 위 부추꽃

거울 앞에서

　다섯 겹 은빛 칼날이 부드럽게 뺨을 훑는다. 면도기를 슬슬 밀기만 해도 너저분하게 자란 털이 깨끗이 잘려나간다. 칼날이 스쳐 지난 자리를 어루만져본다. 번들거리는 개기름과 모공 속 잡티까지 깔끔히 솎아졌다. 학생일 때 이 면도날의 말끔한 절삭력과 매끄러운 감촉을 알게 되면서, 잠깐 긴장을 늦춘 사이, 얼굴 곳곳에 베인 자국을 남기던 구식 면도기를 던져버렸다. 생채기는 다시 없을 거였다. 사십 년 남짓 기간 반복 학습 효과인지 지금은 두 눈을 감고도, 심지어는 거울 앞에 서지 않아도 상처를 내지 않는다.

　어릴 적 아버지의 면도 기구는 숫돌과 함께한 이발소용 접이

식 면도칼이었다. 수염을 깎기 전 면도날 가는 일이 먼저였다. 항상 그랬다. 한 손에 칼자루를, 다른 손으로 칼끝을 단단히 잡고 옆으로 비스듬히 누인 칼날을 숫돌 표면에 지그시 문질렀다. 칼날의 양면을 몇 번이고 뒤집어서 허옇게 패인 엄지손가락으로 쓰다듬었다. 길쭉한 칼이 은빛으로 번쩍거릴 즈음에야 아버지는 칼 갈기를 멈추고 수염을 깎기 시작했다. 아버지의 표정은 진지하다 못해 엄숙해서 감히 말 붙일 엄두조차 낼 수 없었다. 옆에 쪼그려 앉아 아버지를 쳐다보면서 갸우뚱했다. 면도하는 시간보다 칼날 다듬는 시간이 더 길다니.

사춘기 중학생에게는 날벼락이었다. 뽀송뽀송한 솜털이 입술 주변으로 슬슬 삐져나왔다. 털! 친구 몇 명이 농담 반 진담 반 성질을 돋우더니 급기야 학급 애 대부분이 나를 털이라고 놀려댔다. 옆 교실 애들까지 덩달아 외쳤다. 털도 나지 않은 애송이들이 나더러 털 났다고 약을 올렸다. 씩씩거리며 집으로 돌아와서 아버지의 면도칼과 거울을 꺼내 마당 구석 수돗가에 걸터앉았다. 깨끗하게 밀어버려야 다시는 내 털을 화제로 시비할 녀석이 없을 것이다. 아버지가 수염 깎던 기억을 떠올려가며 어설프게 면도질을 시작했다.

언제부턴가 아버지는 숫돌을 쓰지 않았다. 칼날이 무뎌지면 언제든지 새것으로 갈아 끼울 수 있는 면도기가 등장하면서 애꿎은 숫돌은 수돗가 한쪽으로 밀려났다. 쓸모없는 돌덩어리를 왜 버리지 않느냐고 여쭤봤더니 대뜸 싱거운 대답이 돌아왔다. "당장 필요 없다고 내버리면 쓰나…." 군 복무를 마치고 복학을 준비하던 어느 날 뜬금없이 숫돌의 행방이 궁금해서 집안 곳곳을 뒤졌다. 담벼락 후미진 구석에 흙과 잡초에 덮여 한쪽 끝만 내민 채 삐딱하게 누워 있었다. 아버지는 돌아가실 때까지 그 돌덩어리를 버리지 않았다.

매일 아침 거울 앞에서 수염을 깎고 면도기를 툭툭 턴다. 세면대 위에 점점이 들러붙은 털 쪼가리들, 하양과 검정의 대비가 만든 착시효과를 인정하고도 깎아낸 만큼의 수염이 꼬박꼬박 자란다는 사실은 놀랍다. 눈으로 확인한 다음에야 상황의 심각성을 깨닫는 나의 어리숙함은 옛날이나 지금이나 똑같다. 배부르지도 않은 욕을 그로 인해 얼마나 먹어야 했던가.

수도꼭지를 틀었다. 요동치며 흩어지는 수염의 잔해, 아무짝에도 쓸 곳 없는 털 찌꺼기가 좁은 공간에서 수돗물과 뒤섞여 회오리를 만들며 하수구로 내려간다. 나열하기조차 부끄러운, 털만큼도 가치 없던 말과 기억들이 덩달아 들썩댄다. 섣부른 자존심을 앞세워 일을 그르치기 다반사였고 나와 다른 타인의 관점을 틀렸다 비난하기 일쑤였다. 웃자란 털을 깎아 모양새를 다듬듯 그간 지껄였던 헛소리를 지금이라도 면도기로 깡그리 밀어내버릴 수 있다면….

여태까지 살면서 저지른 말실수가 그동안 깎아낸 털의 양보다 적을 거라고 자신하면서도 조심스럽다. 다시 틀리면 어쩌나 싶고 예상치 못한 낭패가 또 생겨날까 걱정이다. 면도 전에 면도칼 먼저 공들여 다듬던 아버지의 속내가 행여 그런 것이었나. 당장 필요 없다 해서 버릴 수 있느냐 되묻던 아버지의 말씀이 옳았다. 수염 깎기 전 칼날 먼저 공들여 다듬는다는 일, 말(言)도 그런 것 같다. 당연한 얘기를 피부로 체득하기까지 수십 년이 걸렸다.

언어는 세상을 아름답게 이어주기도 추잡하게 휘저어놓기도 한다. 말이라는 것이 입으로 흘러나오자마자 여름날 소나기처럼 순식간에 사라진다는 사실이 얼마나 다행인지 모른다. 허공에 남은 소리는 뒤섞이기 시작해서 소음이 되어 천지를 맴돌다가, 선하기보다는 갈등의 일차적인 원인으로 발전할 가능성이 크다. 가뜩이나 어지러운 세상을 더 시끄럽게 만들지 않겠나. 험한 말은 곧 나를 향한 비수가 되리라는 법구경의 불언(不言)이 문득 스쳐

간다.

 쓸려 내려가지 않은 세면대 위 단백질의 잔해를 힐끗 째려본다. 거슬린다. 손톱으로 벅벅 비벼 배수구 아래로 밀어 넣는다. 오랜 세월 쏟아냈던 말 같지 않던 말이 행여 음험한 부활을 꿈꾸면서 누군가의 입을 빌려 세상으로 튀어나오지 못하도록. 다정다감하게, 살갑게 전달하지 못해 평생 나를 따라다녔던 꼬리표, 배려 부족하고 무심하다는, 그리하여 공감 능력 부족하다고 핀잔을 듣는 또 다른 '나'와도 이참에 영영 멀어지면 좋으련만.

쥐과 객(客)

　눈(雪)이 말랐다. 달갑잖은 겨울비마저 아쉬웠던 판에 계절이 바뀌자 봄 가뭄이 이어졌다. 지난 몇 년 마음껏 게을렀더니 잡초더미와 잔가지가 텃밭에 켜켜이 쌓였다. 아무 잘못 없는 갈색 우중충함을 원인 제공자인 내가 외면한다. 이 작은 뜰의 주인이 그들은 아니라는 사실이 다행이다. 날이 따듯해졌다. 칠팔 년 넘게 꾸준히 개체 수를 불린 민들레가 뒤뜰을 도배하기 시작했다. 덤불 위를, 어느 날 갑자기, 새하얗게.

　말 많은 동네다. 집주변을 깨끗이 하라고, 이웃과 친하게 지내라고, 괜한 땅을 놀리지 말라고 툭하면 수군댄다. 호미질을 시작했다. 눈칫밥을 먹기 싫어서만은 아니었다. 땅 아래로 기어 우리 집까지 찾아온 두릅의 알싸한 맛, 농약이나 제초제 한 방울 뿌리지 않았는데도 번듯이 자라준 토마토의 새콤함이 그립다. 한두 해 뜸했던 지렁이, 개구리와 반딧불이도 내친김에 불러오고 싶었다. 민들레가 눌러앉은 장소를 피해 네댓 평 좁은 공간에 쌈 채소 몇 가지를 꾹꾹 눌러 심었다.

그날부터였다. 며칠간 장마 끝 뙤약볕처럼 뜨거운 날이 이어졌다. 말라버린 흙에서 먼지가 폴폴 날린다. 물만 주면 그냥저냥 잘 자라는 채소가 축 늘어졌다. 당분간 비 소식은 없다는 기상청 예보가 야속하다. 내 고민이 농사를 덤으로 삼고있는 사람들보다 더할까만 초짜에다 껍데기만 농부인 나로서는 어디부터 손을 써야 할지 막막했다. 뒷집 아저씨한테 도움을 청했다. 물부터 흠뻑 주라고 한다. 물 분사기와 호스를 준비했다.

당장 토마토가 문제였다. 한 뼘 크기 모종이 뭘 어쩌자고 그 며칠 새 손톱 크기 방울 몇 개를 덜컥 내어놨다. 밤엔 초가을 날씨, 낮이면 한여름 기온이 반복되었다. 그때까지 뿌리를 내리지 못해 비실비실한 줄기가 아기 토마토 무게를 이기지 못한다. 플라스틱 막대를 바닥에 꽂고 토마토 가지를 묶어주던 내내 서툴고 거친 내 손이 애 많이 먹었다.

쌈 채소는 부쩍부쩍 커갔다. 쌩쌩했다. 하루 한 번 물을 주기 시작하면서 생긴 변화였다. 며칠 만에 손바닥만큼 자란 채소를 바라보며 잠깐 즐겁던 시간은 이파리를 갉아먹기 시작한 벌레와 마주치는 순간 짜증으로 바뀌었다. 상추를 따고 보면 멀쩡한 이파리가 없다.

쌈을 바구니에 담는 동안 시퍼런 애벌레를 한 다스 이상 떨구어냈다. 맵디매운 적겨자에 뻥 뚫린 구멍이 가장 많다. 맛과 영양 모두 훌륭하다는 뜻 같다. 몇 년 전 그때도 텃밭 채소는 벌레의 주식이었다. 가끔 들르던 이장 아저씨가 생각난다.

우리야 뭐, 저분들이 남긴 부스러기나 먹어야지. 그게 싫으면 약을 써야 하는데 물론 싫어할 거고, 맛은 좋을 겁니다. 벌레가 기미 상궁 역할을 해줘 안전하죠. 그들이 잘 먹는 음식이면 사람한테도 건강하지 않겠습니까. 즐기며 키워요. 너 알아서 크라니까 그분들이 이리 기승을 부리잖습니까. 사나흘에 한 번쯤은 젓가락으로 솎아주시고.

어릴 적 기억을 떠올린다. 희석한 농약을 음료수인 줄 알고 마셔 위에 구멍이 뚫렸다는, 농약을 먹여 사람을 죽였다는 등 섬뜩한 말들. 어쩌다 살게 된 시골집 돼기밭에 채소 몇 포기 기르면서까지 약을 치고 싶지는 않다. 풀 매주기가 고단했던 뒷집 주인이 자기 밭에 제초제를 뿌리기 시작한 예닐곱 해 전, 이틀 만에 엉뚱하게 아무 죄 없는 우리 집 뜰 안의 반딧불이가 자취를

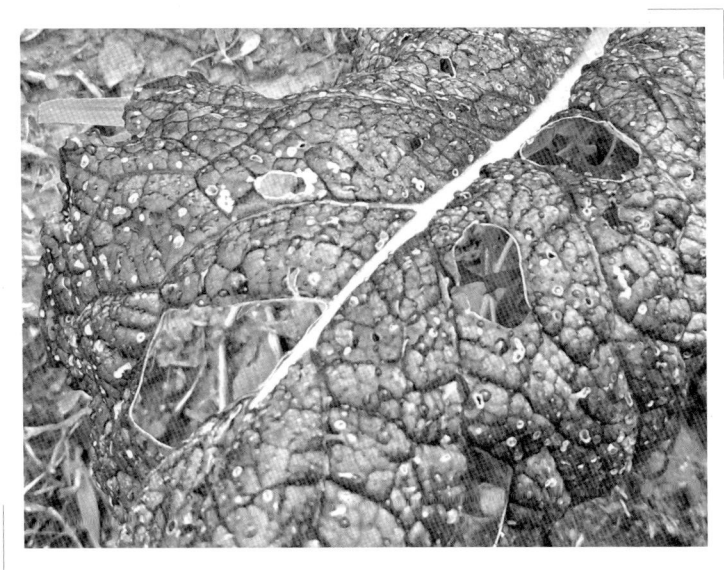

감추었다. 지금껏 돌아올 기미가 보이지 않는다.

분사기로 물을 뿌렸다. 개구리 한 마리가 꽃상추 속에서 놀라 튀어나온다. 덩치가 보통은 넘는다. 도망갈 생각조차 없는지 커다란 눈만 껌뻑거린다. 한 발로 맨땅을 굴러도, 슬쩍 한 걸음 내디뎌도 꿈적하지 않는다. 내가 움직인 만큼 물러설 뿐, 절대 이곳을 떠나지 않으리라 시위하는 듯하다. 흙 속엔 꿈틀거리는 지렁이, 못난이 채소 이파리에는 퍼런 벌레가 꼬물댄다. 그들 간의 질서에 의해 텃밭의 평화는 유지된다. 그들을 먹이 삼아 개구리가 돌아왔다.

곰곰이 돌아본다. 등기부에 기재된 자만이 땅의 진정한 소유자인지. 유실수나 잡초, 채소 모종과 봄날 뒤뜰을 완벽하게 접수한 민들레나 개구리가? 이도 저도 완벽한 주인은 아니다. 서로서로 영향을 주고받으며 맞물려가는 세상, 그 결과물 중 극히 일부만 내 소유물 아닌가. 거기다 내 몫을 결정하는 주체가 늘 나였던가도 의문이다. 밭에서는 벌레들, 밖으로 나가면 주변과의 관계, 그로부터 형성되는 세상의 순리와 조화 등이 복합적으로 작용한 결과였다.

그게 뭐든 민들레는 해마다 영토를 넓혀 자신의 존재감을 키워갈 것이다. 개구리도 개체 숫자를 불려가며 자신의 영역을 지키리라고 믿는다. 뱀과의 문제는 개구리 스스로가 정리할 것이다. 옆집에서 농약과 제초제를 꼭 필요한 양만 친다면 벌레도 살아남을 것이고 사라진 반딧불이의 귀환까지 바랄만하다. 두릅나무는 내버려 둬도 잘 자란다. 주인인 나는? 지금의 '게으르고 어설픈' 짝퉁 농사법을 따를 수밖에. 그들이 드시고 남은 만큼은 내 것이다.

노랑보다 하양

봄이 게을러터졌다. 올 듯 말 듯 멈칫거린다. 밤엔 춥고 낮되면 후끈한 날씨 탓이다. 새벽녘 뒤창을 여는 순간 진초록 풀 위에 점점이 떠 있는 꽃 물결이 한눈에 들어왔다. 그러면 그렇지, 기다란 꽃대 위로 솟아올라 푸른 뒤뜰을 하얗게 도배했다. 봄 같지 않게 추운 날씨를 핑계 삼아 거들떠볼 생각조차 섧고 있던 텃밭이 밑바닥부터 꿈틀거린다. 하룻밤 만에 갑자기 오는 게 어디 겨울뿐일까. 이별, 혁명, 배신, 아침…. 꽃도 그런 줄은 이제 막 알았다.

눈(雪)이 말랐다. 우중충한 겨울비라도 내리면 좋으련만 예년 겨울보다는 따듯하고 봄보다 추운 날이 이어지면서 봄철 파종기의 물 부족 현상이 사람들 입에 올랐다. 삼한사온과 뚜렷한 사계절 구분이라는 한반도의 기후 특성은 조만간 교과서에서 사라지지 않을까 싶다. 세상이야 혼란하든 말든 하물며 시절이 늑장을 부려도 시간은 흐르는 것, 미적대는 봄날을 흰민들레가 살살 다독여 나 사는 촌구석 안마당까지 용케도 찾아왔다.

십여 년 전 현리를 거쳐 명지산 자락 서쪽 국도를 달리고 있었다. 운악리 가는 길은, 스무 살 무렵 흙먼지 날리던 오래전 모습이 긴 세월 지나도 같아 보여 오히려 낯설었다. 무작정 걷다 달리다 쉬다 방향 맞는 버스가 지나가면 올라탔던 그때보다 먼 듯했다. 직선으로 오십 킬로 내외 거리를 높은 산과 넓은 강에 막혀 돌고 돌았으니. 자칭 민들레 도사라던 오십 후반 사내가 키운 비싼 흰민들레 모종이 뒤 칸 트렁크에서 퍼져버릴까 봐 속을 끓이며 차를 몰았다.

뜰 안 빈자리를 찾아 민들레를 심었다. 한쪽엔 아예 다섯 평쯤 할애하여 흰민들레 단지를 만들었다. 기껏해야 이틀쯤 꽃을 피우고는 솜털 뭉치 안에 씨를 키우는 식물이 흰민들레다. 반드시 같은 색의 다른 개체라야만 교배가 이뤄지며 노란 민들레보다 번식 속도가 무척 느려 시간이 갈수록 숫자는 줄어든다. 걱정했던 대로 여름 지나 늦가을까지 살아남은 숫자는 다섯 주에 불과했다. 서툰 재배 솜씨가 개체 수 대량 감소의 한 원인이었음을 부정하지 않는다.

해가 갈수록 노랑의 틈바구니에 띄엄띄엄 늘어선 흰민들레의 행색이 꾀죄죄함을 벗어나지 못했다. 숫자가 적어 아쉽고, 질긴 생명이라 애처로웠다. 꽃 내기 바쁘게 여문 홀씨가 바람에 실려 날아간다. 어딜 가든 씨 내릴 곳 잘 찾아 꽃이나 활짝 피우라 부탁한다. 아무리 봐도 내 눈엔 흰민들레가 약자였고 노란 민들레는 그래서 미운털이 박혔다. 색깔이 노랗다는 이상한 이유로 원수진 적 없는 그들을 보이는 족족 뽑아 버렸다. 인정사정 눈곱만큼도 없이.

해가 또 바뀌었다. 노랑 무리 속에 하양 몇이 드문드문 섞였나. 흰민들레 주변에 퇴비를 뿌려주고 상대적 경쟁자라 할 노란 민들레를 끊임없이 뽑아주는 것만이 내가 할 수 있는 전부였다. 작물 재배 경험 없는 주인을 만나 힘들었을지 몰라도 몇 해 동안 그들이 보여준 생명력은 대단했다. 살아남았다는 사실 하나만으로도 대견한 판에 숫자가 빠른 속도로 불어났다. 그러나 짜릿한 순간은 아주 잠깐, 쇠락의 속도가 그보다 훨씬 빨랐다는 사실을 깨닫기까지 일주일도 걸리지 않았다.

동네 이장이 찾아와 농가 지원, 영농세, 조합 등 겉도는 말을 늘어놓는다. 토질을 개선해야 작황도 좋다며 흙 받으라는 얘기를 꺼냈다. 남아도는 흙을 보낼 테니 기사 담뱃값이나 몇 푼 내주라는 부탁에 못 이기는 척 고개를 끄덕댔다. 말 떨어지기 무섭게 흙을 가득 실은 차량이 세 대나 들이닥쳤다. 수십 송이 흰민들레가 덤프트럭이 쏟아부은 흙 밑에 깔렸다는 사실을 운전기사가 돌아가고도 한참 지나서야 알았다.

이태 넘게 흰민들레는 텃밭에서 자취를 감췄고 눈치 없기로는 놀부 동생 홍부를 뺨칠 노란 민들레가 슬슬 올라오기 시작했다. 흰민들레는 이대로 끝인가 싶었는데 해가 지나 봄이 오자 놀라운 일이 벌어졌다. 20cm 넘는 흙을 밀쳐 올리며 그들이 얼굴을 내민 것이다. 연약해 뵈던 흰민들레의 질긴 생명력을 내 아둔한 머리로는 헤아리기 쉽지 않다.

그들은 약진은 놀라웠다. 집주인의 텃세를 방패 삼아 스스로 힘을 키웠기 때문인지 옆집 벽돌 경계석 틈까지 빠른 속도로 영역을 넓혀갔다. 쌈 모종 심을 날이 머잖다. 이 정도면 충분하지 않겠나. 이참에 노란 애들 그만 괴롭히고 텃밭을 접수해가는 하양이나 뽑아버려? 쌈 채소 몇 잎 식탁에 올려보겠다고? 아니다. 까짓 알량한 밭농사쯤 올 한해 접고 말지. 나른한 봄날 애꿎게 눈 밖에 나버린 노랑꽃만 두고두고 분통 터지겠다.

노랑보다 하양

파 빼기, 둘

 때가 되면 배는 채워야지. 후딱 한 끼 때우겠다고 찾은 국밥집 주차장이 휑하다. 번호표 없이 바로 들어간 식당 안도 텅 비었다. 이게 다 코로나 덕이라니 쓴웃음이 절로 난다. 손님 줄어 힘들다는 자영업자의 하소연이 안쓰러우나 지구 환경은 나아지고 있다는 보고가 줄을 잇는다. 덜 쓰고 덜 이동하고 덜 먹어 유해 물질이나 탄소 배출량이 줄어들어 생태계가 점점 깨끗해진다는 얘기겠다. 홀 직원이 다가온다. "여기 파 빼기, 둘이요!"
 새콤달콤함과는 거리가 멀다. 고소도 구수도 아니고 짠맛 쓴맛은 더더욱 아니다. 하굣길 밭 언저리에 지천으로 널려있으나 한 끼 건너뛴 꼬맹이들 관심마저 끌지 못하는 퍼런 줄기가 씹는 맛은 고사하고 향까지 고약하다. 웬만한 음식에 양념으로 끼어들고 심지어는 이를 재료 삼아 김치까지 담근다. 밥상 어디든지 약방의 감초처럼 끼어드는 이 채소가 그때나 지금이나 여전히 마뜩하지 않다. 국밥이 나왔다. 곱게 썰린 파가 뚝배기 위를 수북하게 덮었다.

까마귀 잡아먹었다. 파 빼달라는 말을 귓전으로 흘리다니. 뭐든(파 빼고) 잘 먹는 나더러 애들 입맛이라고 수군거릴까 봐 옆자리 눈치를 살피며 숟가락으로 들어낸다. 허물을 감추고 싶은 내 소심함과 특별 부탁을 잊어버린 아줌마의 악의 없는 무심함이, 파가 달갑잖은 나의 유치한 미각을 산산이 까발렸다. 은근히 부아가 났다. 소머릿고기의 담백함과 고소함이 그나마 위안이었다. 고기는 왜 그렇게 많은지 국물 아래 잠겨있을 쌀 알갱이를 건드리지도 않았건만 슬슬 배가 불러온다.

두 달 전 이 식당은 국밥 위 수육 양을 확 줄였다. 코로나 여파로 장사가 신통찮아 원가 절감 차원이냐고 주인에게 물었더니 멋쩍게 웃기만 한다. 단골들의 불평이 거세어 원래대로 돌렸는지, 팔지 못해 남을 고기 인심이나 푹 쓰겠다는 건지, 큰 폭으로 떨어진 식자재 가격 탓이든 상관없이, 맛있는 소고기로 배를 채우다 보니 부자라도 된 듯 느긋하다.

인간은 합리적이며 희생적인 동시에 감성적이며 이기적이다.

하찮은 것도 모자라면 싫고 귀한 것도 넘치면 질린다. 평소보다 훨씬 많은 수육의 양이 적잖이 부담이었다. 고기 씹기가 차츰 지루해질 즈음 뚝배기 밑바닥을 헤집었다. 이건 또 뭐람, 한 뼘채 안 되는 자그만 그릇 속 어느 구석으로 숨었는지 국물 아래 밥풀떼기가 한 톨도 보이지 않는다. 고기를 실컷 먹은 죄로 따지기도 멋쩍다.

밥이 없다는 내 말을 물끄러미 듣고 난 식당 아주머니가 갸우뚱하며 주방을 향한다.

"파 빼기였대!"

"밥 빼기 아니고?"

마스크를 거쳐 어눌하게 새어 나오는 직원들 얘기를 들으며 처음에는 나도 재미있었다.

파 빼기가 밥 빼기로 바뀐 것을 우스갯거리로만 볼 일이 아니었다. 사용한 낱말이나 발음 그리고 논리의 결여 등 말의 일차 목적인 의사전달 과정에서 오류가 생겼을 것이다. 사람은 자신만의 방식으로 듣고 판단한다. 들린 말과 들은 이야기도 화자의 의도와는 다르게 해석될 개연성이 존재한다. 국밥을 먹겠다 하면서 밥을 빼달라는 경우가 어디 흔할까. 어쩌면 우리는 잘못 이해하고 그릇 전달된 언어의 남발에 묻힌 채 진실 여부는 둘째

치고 가상과 실제라는 개념, 그 경계선을 잊고 사는지도 모르겠다.

무심히 말하는 매 순간 사실임을 의심하지 않는 담론; 정의와 독선, 자유와 방종, 사랑과 무관심, 믿음과 오해 등 이 사회 저변을 떠받치는 가치가 실체와는 달리 곡해되고 와전되었을 경우를 떠올린다. 그 확률이 높을수록 내가 살아가는 실제 현실(Real Reality)은 가상현실(Virtual Reality)과 닮아간다. 뒤틀려진 현실을 여과 없이 사실로 믿었던 맹신으로 인해 사회 전체가 괴멸되었던 현상을 얼마나 많이 봐왔던가. 유행병 코로나와 달리 인간의 정신세계를 휘젓는 이런 착각은 코로나 이상으로 우리에게 치명적일 수 있다. 파기 밥으로 바뀌어 들린 것쯤 그럴 수 있다고 생각하는 사람들이 있듯 내가 사는 이곳이 혹시나 착각 속 가짜 세상은 아닌지 때때로 혼란스럽다. 걱정도 팔자라고 한 소리 듣겠다만.

파를 빼랬더니 국밥은 고기로 채워졌고 밥 한 공기까지 서비스로 받았다. 나쁜 놈으로만 알았던 코로나가 나를 즐겁게 할 줄이야. 다시 상상의 공간으로 돌아간다. 인류가 지금처럼 물질적으로 넘치고 편리한 시대 이전의 불편함을 감수할 의도는 티끌만큼도 없는 줄 꿰뚫어 본 대자연(The Mother Nature)께서 인간에게 슬쩍 흘리는 경고 메시지는 아닐까. 돌아가지 않을 거라면 잠시 멈춰 되돌아보기라도 하라는….

꼬락서니하고는

매실나무 밑에서 닭 서너 마리가 바지런히 땅을 판다. 집 뒤의 자기 주인네 넓은 공간을 두고 꼭 우리 집으로 마실 와서 논다. 두 발을 움직여 바닥을 헤쳐가며 부리를 놀려 쪼아먹는 품새가 무던하다. 가끔은 암탉 혼자 뜰 안을 서성대는 모습도 눈에 띄었다. 이곳을 편안하게 느끼기 때문이라고 여기면서 볼 때마다 흐뭇하다.

그들이 내 땅을 파갈 것 아니다. 좋게 보면 그만인데 언제부턴가 내 심보가 슬쩍 틀어지기 시작했다. 어쩌다 맞닥뜨려 반가워서 가까이 다가갈라치면 갑자기 모가지를 꼿꼿이 치켜들고 털을 곤두세운다. 서너 걸음 앞으로 내디뎌 겁을 주려 해도 상대하기 귀찮다는 듯 고개를 홱 돌린다. 엄연히 이 밭의 주인인 나를 그런 식으로 무시하다니. 괘씸해지기 시작했다.

평소와 달리 그날은 부엌 창 뒤에서 마주친 암탉이 뒤로 돌아 매화나무 방향으로 서둘러 뛰어갔다. 드디어 나를 텃밭 주인 취급해주나 싶어 흐뭇했으나 그것도 잠깐 나무 아래 멈춰서서 좌우로 느릿느릿 머리를 돌려가며 내 쪽을 힐끔거렸다. 놀리네. 어릴 적 고무줄 끊고 달아나던 꼬마 심술처럼 관심을 새침으로 대신하는 건가. 그러면 나그네가 주인 행세하는 꼴이지. 때 되면 주인아주머니가 하순아, 검돌아, 불러 모이 주며 예뻐하니까 자기 스스로 대단한 존재라 착각할 수는 있겠다. 또 한 가지 집히는 것이 있기는 하다.

장모님 늦나이에 늦둥이 막내로 태어난 아내는 체질이 약한 편이고 아침잠이 많다. 퇴직 이후 살림살이에 도움 못 되는 미안함도 줄여볼 겸 군 시절 익숙해졌던 서양식 조찬을 내가 차리기 시작한 지 몇 해가 지났다. 설거지도 자연스럽게 내 몫으로 떨어졌다. 하루에 서너 번 우리 집 뒤뜰로 마실 오는 닭들이 아침 준비와 그릇 닦기로 바쁜 나를 오랫동안 봐왔다 해서 나를 우습게 여기겠나. 그럴 리 없을 거라면서도, 얼굴 붉힐 일 없는 뜰 안의 미물들 앞에서 붉으락푸르락 성질부리는 내 꼬락서니를 돌아보는 나 자신도 답답하다.

　새 한 마리가 집 안에 들어왔다. 부엌 창 앞에서 허둥대던 그를 잡고 보니 새가 아니라 포동포동한 암탉이다. 조그만 볏이 흰 털 덕분에 더욱 빨개 보인다. 계속 날개를 퍼덕이길래 거실에 놔줬다. 제집이라고 생각하는지 무서워하는 기색 없이 멀뚱멀뚱 실내를 활보하며 누런 똥을 퍼지른다. 아무리 봐도 달아날 기미라고는 없다. 황당한 사실은 그것이 꿈이라는 것을 꿈속에서 내가 알고 있다는 점이다.

　서너 달 전 우리 작은 텃밭과 맞닿은 뒷집 너른 땅의 주인 내외가 걸핏하면 다퉜다. 밭 한쪽 외진 곳에서 김을 매고 있는 아저씨를 찾아가니 볼멘소리부터 대뜸 터져 나왔다.

　"풀 한 포기 뽑지 않는 마누라가 잘난 짐승은 밭에 풀어 키우겠대요. 쟤들도 그럴 권리가 있다나. 심어 뭐 해! 저거 봐, 저놈들이 죄다 처먹고 밟아버려 남아나는 게 없거든."

　눈을 돌려 바라봤다. 토끼, 강아지, 고양이와 거위까지 떼 지어 몰려다닌다. 새끼들을 줄 세워 우리 집 앞마당까지 위풍당당하게 행차하던 오리 식구와 집 뒤 밭뙈기를 제집인 양 드나들던 암수 닭 두 마리도 무리 속에 섞여 있었다. 서로 다른 동물끼리 경계하는 기색 하나 없이.

　잠을 깨려고 기를 썼다. 겨우 눈을 뜨고는 얼마 전 기억을 더듬는다. 매실나무 곁가지를 치고 있는데 뒷집 아줌마가 불쑥 나타났다. 하순이가 드문드문 놓던 알을 그즈음엔 통 구경 못 했다고, 온 동네를 싸돌아다니더니 바람이라도 난 것 아니냐며 꾸시렁거렸다. 이른 봄부터 늦가을까지 검정 수탉 곁을 껌딱지처럼 붙어 다니던 그 암탉은 하얀 털이 눈부셨다. 그러면 개가 개였나, 짚이는 점이 있어 주섬주섬 옷을 주워입고 밖으로 나선다. 새벽달이 훤하다.

　새벽 순찰 겸 깨금발로 걸어 뒤뜰로 향한다. 삼사 년 전 하수공사 때 여유분으로 샀던 T자 하수관 두 개가 놓여있다. 그 안에 보이는 하얀 물체, 꼬끼오~~~, 코앞에서 들려오는 닭 울음소리와 홰치는 모습에 내가 움찔한다. 어쩌다 이 새벽에 하순이가 우리 집 뒤뜰에 왔다가 허겁지겁 뒤뚱거리며 달아나는 걸까. 플래시를 켰다. 제 똥으로 분칠한 달걀 몇 개, 그중 깨진 하나에서 흘러내린 노른자가, 물어다 놓은 잔가지 틈새로 스며든다. 득달같이 달려온 아줌마가 하수관을 통째로 가져가고 싶다며 내 얼굴을 빤히 쳐다본다. 부탁이 아닌 요구로 들려 기분은 좋지 않았으나 그러시라 했다.

그런데도 새벽마다 부엌 창 밑에서 부석거리는 소리는 계속되었다. 궁금함을 눌러 참기 며칠, 다시 뒤뜰로 가봤더니 남은 하수관 안에 알 몇 개가 또 가지런히 놓여있다. 우리 집 텃밭의 하수관을 제집으로 아는 게지. 내 잘못은 아니나 꺼림칙했다. 자기 좋을 대로 하고 싶은 습성은 사람이나 동물이나 매양 일반이다. 꼭두새벽부터 문자 연락받고 찾아온 아줌마가 까닭 없이 머쓱한 나와 죄없이 누워있는 T자 관을 번갈아 쳐다보다가 한참 만에 입을 열었다.

전격적이면서 단호한 통보였다. 윗동네 사는 사나운 누렁이가 호시탐탐 주변을 어슬렁거려 우리 안에 가축들을 가둘 것이며 하순이와 검돌이도 이젠 닭장에서 안전하게 살게 되었다고. 가고 싶은 곳 맘대로 돌아다니던 그들이 좁은 공간에서 답답하지는 않을지. 요래 일이 꼬이기 전에 애들에게 우리 집으로 입양 오라고 꼬드겨나 볼걸. 툴툴거리는 내 속을 꿰뚫어 봤는지 아줌마가 한 방 대차게 날린다.

"애들이 양심이라고는 손톱만큼도 없어. 모이만 딥다 축내면서 지 할 일을 안 해요."

매화나무 아래가 잠잠하다. 부엌 창 밑 T자 관도 텅 빈 지 오래다. 두 곳을 오락가락하던 암탉의 속내를 이제야 헤아릴만한데 공작부인처럼 도도하게 나를 째려보던 그녀가 사라졌다. 뒤뜰 하수관에 둥지를 틀어 알을 낳은 하순이가 새벽 어스름 속으로 질러대던 환희의 외침을 더는 들을 수 없다. 흰 닭이 내지른 꿈속의 황금 똥을 길몽이라 여겨 사둔 복권은 꽝이었다. 우리 안에 갇혔어도 나보다 팔자 늘어진 그들더러 미안하다고 불쌍하다고 헛소리를 해댔다. 자격지심이었나, 꿈에서 본 손안의 새는 닭이 아니라 어쩌면 '나'였을 거라는 고민까지 덩달아 깊어간다. 그들이 모이를 쪼아먹던 자리에 매화꽃이 흩날린다. 차곡차곡 쌓인다.

골목에서

담벼락 길을 덮은 초록의 무덤
골목 끝 저만치서 멈칫대는 계절

뭉개질라, 바숴질라
깨금발로 짚어도 들리는 소리
바스락바스락

오래전 기억 한 줌
들썩이는 옛사랑

4.
오가는 길에

서울 나들이

 다섯 시쯤 됐겠네. 아침잠 없는 습관 덕에 시계를 안 봐도 알람을 꺼놔도 대충 안다. 바삐 지날 하루, 모자를 덮어쓰고 집 뒤 개울 건너 휑한 벌판으로 나선다. 불과 며칠 전 건넛마을 앞까지 황금색이던 들판에 때 만난 참새떼가 먼동을 가른다. 긴 밤 꼬박 차가움과 씨름했을 멀건 어둠이 구부러진 논두렁과 볏단 옆에 웅크려 앉아 동트기를 기다린다. 어제와 다름없는 땅이며 하늘이 처음 보는 풍경인 양 낯설다.
 오늘은 건강검진 받는 날, 서울 가는 김에 머리까지 손질하려고 예약도 미리 했다. 아침을 건너뛸 것이다. 검사 끝나고 먹을 도시락 챙기러 주방으로 향한다. 손 많이 가는 요구르트와 샌드위치 대신 무지개떡을 집어넣고 삶은 달걀, 견과류와 과일까지 챙긴다. 우유와 자두 청에 더치 커피를 섞어 만든 음료는 필수다. 벌꿀과 발사믹 식초를 살짝 뿌려 젓가락으로 휘젓고는 아이스박스 안에 몽땅 쟁여 넣는다. 소풍 준비 끝!

의사 선생께서 뜸 들이며 말을 꺼낸다. 내시경 검사를 받은 지 꽤 오래되었다고. 손사래를 친다. 뱃속이 통째 뒤틀려 역겹다고 덧붙인다. 키가 줄어들었다. 발꿈치를 살짝 들어 다시 재보려다 관둔다. 나이 들어간다는 것을 부정하고 싶은 일종의 오기일 것이다. 그런들 사실이 바뀌지 않을 줄 알아 속상했겠지. 허기가 닥친다. 병원을 빠져나와 운전석에 앉아 아이스박스 뚜껑을 열어젖히며 나한테 묻는다. 괜찮지? 그럼, ㄱ 징도야 뭐. 괜찮다 뿐이겠어.

출근 시간이 지났건만 길바닥 위 차들은 거북이걸음을 이어간다. 이 나라의 차량 숫자가 인구 두 명당 평균 한 대라고 한다. 이리 많은 차가 이 좁은 땅을 어떻게 굴러다니는지 궁금하다. 차 없이는 생활이 불편하다고 불만이다. 그러고도 곱지 않은 시선을 보내면서 나도 그중의 한 사람이라는 사실은 한사코 외면하려는 이중 잣대… 엘리시아, 그리스 신화 속의 '행복한 집'으로 머리 다듬으러 가는 길에서 잡생각이 하염없다.

삼 년째인 유행병 탓인지 그녀의 얼굴이 밝지 않다. "그냥저냥 지냅니다. 오늘도 멋있게 다듬어드릴게요." 긴 터널의 끝이 보인다는 방송이나 없애든가, 누가 그걸 확실히 알 수 있나. 희망적인 의견도 있다. 끝내 소멸할 거라는, 홍역이나 감기 마냥 약 좀 먹고 주사 맞아 나을 거라는 그리고 늘 그랬듯 역병을 잠재울 백신이 머지않아 개발될 거라는 등 잠깐 생각에 잠긴 사이 형클어졌던 머리가 거울 속에서 말끔해졌다. 그녀의 표정도 머잖아 환해지겠지.

대치동 낡은 아파트 상가건물 앞에 주차한다. 동마(銅馬)는 발음상 그렇다 치더라도 금마(金馬)보다 은마(銀馬)인 이유는 뭐며 작명자는 누구일까. 세계사의 특정한 시점에서 금보다 은이 귀했던 시대를 아는 사람인가. 고만고만한 가게가 빽빽하게 붙어 있어 재래시장을 실내로 옮겨온 듯 복작거리는 지하 식당가에서 한 끼를 해결할 계획이다. 육전 냄새 고소한 부침 가게, 그 옆집 반들거리는 찰떡도 먹음직하다. 한 접시씩 포장해서 바깥으로 나온다.

시골집 양철 대문 앞에 마흔 살 넘은 은행나무가 서 있었다. 자식 보고 싶은 엄마의 쉴 새 없는 닥달에 시달리다 지친 형님이 너스레를 떤다. "은행잎에서 똥 냄새가 난대요. 내려와서 치우든 없애버리든 알아서 하래. 은행알 모아뒀다고 갖다 먹으란다. 가볼까?" 뱅뱅 사거리에서 환경미화원이 바닥을 덮은 낙엽의 잔해를 거두느라 바쁘다. 세상에 계시지 않은 엄마가 은행잎을 치우라고 강남 구청장을 닦달했을 리 없는데.

뻥 뚫린 고속도로 위 하늘이 푸르다. 암만 가을이라도 그렇지, 이건 꼬드김이다. 치명적인 설렘이며 거부하지 못할 유혹이다. 꾹꾹 눌러둔 옛사랑만큼 시리다. 요렇게 예쁜 계절은 오래 머물지 않는다. 회색빛 겨울은 기어이 올 것이며 난 곱고 맑았던 하늘을 그리워할 것이고 한 해가 또 맥없이 지날 것이다. '가다'는 말을 곱씹어 본다. 와서 떠나고 남겨진, 가슴 한구석에 묻었던 예닐곱 해 전 기억이 꾸역꾸역 고개를 쳐든다. 당시 나이 마흔의 막냇동생…

신중하지 못했다. 신장(腎臟)을 이식받아야 살 수 있다는 그의 전화를 받자마자 가져가라고 덥석 수락해버렸으니. 내 결정에 대한 가족 의견은 둘로 나뉘었다. 신장 하나로는 사람 구실 힘들다고 어머니가 먼저 노발대발하셨다. "막내 하나면 됐지 너는 관둬." 찬찬하지 못했던 내 잘못도 컸다. 의학 소견상 혈압약 복용자는 타인에게 신장 기증이 어렵다는 점을 몰랐느냐며 그런 식으로 꼭 생색을 내고 싶었느냐는 비아냥 앞에서 나는 입을 다물어야 했다.

뜰 안이 잠잠하다. 내가 서울 나들이 다니듯 내 집을 제집처럼 오가는 괭이가 눈치를 보며 옆걸음질로 데크를 빠져나간다. 밥 한 번 준 적 없으면서 뒤룩뒤룩 군살이 많아 동작이 굼뜬 요놈을 대놓고 째려본다. 겨울마다 우리 집 천장을 운동장 삼아 층간 소음을 일삼는 쥐들의 버릇없는 행태는 저 고양이의 관심 밖이다. 서생원 일가족을 일망타진할 계획 따위란 안중에 없는 괘씸한 것, 드실 거나 좀 내놓으면 사냥길에 나서려나.

어영부영 3시, 포장해온 점심거리를 풀어놓는다. 지난해 형님과 협의하여 제사를 줄였다. 아버님 기일에 선대 조상을 함께 모셔 제수 준비가 줄고 식구들은 편안해졌는데 뭐 변덕인지 수십 년 입에 붙은 밍밍한 제삿밥이 가끔 뜬금없이 그리웠다. 이번 생(生)에 선택한 육전 맛이 좋다. 다시 태어나거든 생선전을 집어와야지. 부러 서울 가는 건수를 자주 만들어야겠다. 긴 하루 짧은 인생 순간순간마다 끊임없이 허우적거리는 나를 가라앉힐 뭔가를 찾아서.

봄꽃보다 늦단풍이

 칠순이 코앞인 형님의 고민이 깊었다. 멀쩡한 대낮에 동네 골목길을 헤매고 차를 내리다 어지러워 자빠지지를 않나, 몸도 마음도 다 아프다며 애처럼 징징댔다. 아버지와 할아버지 두 분께서 예순아홉에 돌아가셨다는 사실이 걸리는지 자신도 갈 때가 되었다는 푸념을 볼 때마다 늘어놓았다. 없는 걱정 왜 사서 하느냐고 매번 언성을 높였는데 마의 아홉 수를 넘겨 3년, 이젠 나더러 건강 챙기라며 거꾸로 훈수다. 멀쩡해서 반가운 한편 어이없어 웃는다.
 3기 암 선고를 받은 친구가 전화를 걸어왔다. 밥 먹자. 얘, 살 만해졌나. 의사 선생이 뭐래? 통째 자른대. 술은 끝이군. 담배도 땡이지. 수술 언제? 이번 일요일. 잘하면 죽겠네? 아마도. 한참

나인데 억울하지 않아? 됐고, 밥 먹자니까! 사랑하는 하느님한테 대놓고 엉겨봐, 딱 한 번만 살려달라고. 그래 볼까? 오랜만에 나들이 겸해 친구 만나 밥 한 그릇 먹게 되었다. 이 또한 즐거운 일이리니.

통계치를 살피면 백세 시대라는 말의 맹점을 금방 안다. 2020년 한국인 평균 기대 수명은 여든셋, 건강수명은 예순다섯이다. 둘의 차이 18년은 몸이 좋지 않아 불편하고 움직이기 힘든 기간을 뜻한다. 아흔 이상 인구가 오천여 명에 불과하다는 사실은 백세 시대라는 허울에 밀려 관심 밖이다. 여든세 살 어른이 아흔까지 생존할 확률은 27%니까 그 나이 어른의 넷 중 세 분이 아흔 살 전에 세상을 떠난다는 말이다, 받아들이기 불편하나 엄연한 현실이다.

단순히 숨만 쉬는 생물학적 상태는 '산다'는 것과는 다르다. 나의 어머니나 모 대기업 회장 그리고 두 살 위 선배는 서너 해 넘게 침대 생활만 하다 명을 달리했다. 주변의 안타까움은 덮어 두고 그들의 정신적 육체적 고통이 오죽했을까. 생명의 존엄과 삶의 질이라는 측면에서 이런 식의 장수 사회는 개인적으로나 국가적으로 바람직해 보이지 않는다. '안락사'나 '연명 의료 거부'

등의 껄끄러운 얘기를 하려는 게 아니다.

　얼마 전 작고하신 원로 교수 한 분은 생전 인터뷰에서 가을 단풍이 봄꽃보다 곱다고 했다. 반드시 죽는 인간이 마지막 순간까지 죽음의 의미를 모른 채로 죽는다고 러시아의 한 작가는 꼬집는다. 아름다운 지구별로 잠깐 소풍 왔다 자기 자리로 돌아가는 사건을 죽음이라고 읊은 시인도 있다. 그 얘기들이 갖는 공통점이라면 죽음을 겁내거나 슬퍼할 대상이 아닌 살아가는 과정의 한 단계로 담담히 받아들이라는 말이 아닐까 싶다.

　누가 감히 삶의 의미를 명쾌하게 정의할 수 있으랴만 단연 자주 언급되는 화두 중 하나는 사랑이다. 심리학자 프로이트는 사랑과 일(love and work)을 인생의 전부(all)라고 주장한다. 직업이 없으면 삶이 곤궁해지고 감성적 육체적 충족 수단인 사랑 없이는 인생이 건조하다는 말이다. 이것이 자신의 학설을 보완하기 위한 근거 제시용이라 해도 원론적 의문 하나는 여전히 남는다. 사랑과 일만으로 우리의 삶이 인간다워질 수 있을까, 라는.

　유발 하라리의 "초 예측(Super Forecast)" 몇 구절을 빌려 프로이트의 말을 보완해본다. 평균 수명이 짧았던 시대의 은퇴 준비는 금융자산 축적, 즉 경제력이었다. 이젠 여가를 오락이 아닌 내적 미래 자산 축적에 힘쓰고 일을 통해 삶을 재창조하라는 권유, 여가는 은퇴 이후가 아닌 살아가면서 누릴 덕목이며 그러기 위해서는 여가의 일정 부분을 학습에 투자해야 합리적이라고 그는 주장한다. 두 대가의 '일과 사랑' 그리고 '여가'를 뭉뚱그려보면 이해가 한결 수월하다.

'여가', '장수 사회', 그리고 '일과 사랑' 등은 '사람답게' 살고 싶다는 인간 본연의 욕망을 반영한다. '사람답게'는 인간의 소망과 바람, 권리를 제대로 누리고 싶다는 말이고, 젊은 층은 주 40시간 근무를 통한 워라벨(Work and Life Balance, 노동과 삶의 균형)을, 중장년층은 건강한 일상을 선호한다. 어느 쪽이든 웬만큼의 경제적인 여유와 정신적이며 육체적인 건강이 갖춰져야 가능한 희망 사항이다. 보통 사람에게 산다는 행위는 이래저래 쉽지 않다.

세계적으로는 기후 변화에 따른 자연재해와 러시아의 핵 위협 그리고 중국과 미국의 패권 장악 다툼이 뉴스의 단골 메뉴다. 대한민국은 1970년대부터 달아오른 진영 논리를 바탕으로 정치권 인사들이 뭇 대중을 선동 기만 세뇌하는 구태를 이어간다. 개인과 집단의 이해관계, 쌍방의 욕망과 필요성이 맞아떨어진 결과이다. 이런 관념 세계는 현학적인 요소가 다분하여 소모적 정쟁을 유발하고 분열을 부추긴다. 그러나 거창한 담론은 그들 몫, 당장 내 주변에는 그보다 훨씬 절박한 상황이 차고 넘친다.

경제적인 여유와 건강 문제 등 노후 걱정으로 힘들어하는 선후배와 어른이 주변에 허다하다. 젊어서는 일하랴 돈 벌랴, 나이 들면 건강 문제로 사람답게 살기 쉽지 않다. 없는 대로 힘든 대로 인정하고 욕심을 줄여…. 공자께서 웃겠네. 하나 마나 한 잡소리를 접고 전화기를 연다. "형님, 100살 넘을 때까지 꾸역꾸역 사시오.". 보내기 단추를 꾹 누르고 자판을 또 두들긴다. "3기야! 얼굴 보자. 이번 토요일 12시, 문정동 선궁(仙宮)~~~."

그들도 추억할 수 있을까

　겹겹이 층을 이룬 나무껍질이 이른 봄날 시냇가 얼음장 밑 등고선을 닮았다. 갈색 빛바랜 담쟁이가 아름드리 노송을 타고 오른다. 예닐곱 개 붉은 이파리를 매달고 갈라진 나무껍질을 밟아 넝쿨 발을 힘겹게 내디딘다. 흔한 가을 사진 한 장의 감동은 셔터를 누른 이의 남다른 시각적 안목 덕이 컸다. 과학 문명의 발달이 가져다준 수준급 촬영기술의 일반화 현상도 한몫했을 것이다. 눈이 즐겁다. 그 와중에 문득 떠오른 말이 '생명'이었다.

　유치환은 그의 시 〈깃발〉에서 이 낱말을 "소리 없는 아우성"이라고 표현한다. 숨 쉬지 않는 천 조각이 바람에 나부끼는 모습을 보면서 보이지 않는 실체의 존재감을 발견한 듯하다. 모든 생명의 궁극적인 목적은, 굳이 진화론을 들먹이지 않아도, 종족

보존 내지는 계승이라는 면을 빼놓고는 얘기가 되지 않는다. 담쟁이는 세월의 층이 켜켜이 쌓인 소나무를 자신의 안식처로, 영원일 수는 없어도 한동안 몸을 의탁할 숙주로 삼은 모양이다. 생명이 다하기 전에 뭐라도 흔적은 남겨야 하겠다는 절박함일까. 흔적? 그래, '생명'이 아니라 '흔적'이 더 어울리겠다.

"사랑은 가도 옛날은 남는 것…", 곱고 맑은 음색으로 1970년대 중반 인기를 누린 통기타 가수 박인희의 〈세월이 가면〉에 나오는 노랫말이다. 1980년대 전후 대입 수험서의 고전이라 할 영어참고서는 'ㅅㅁ종합영어'였다. 이 책의 단문 독해 부분에 인용된 문장 하나가 'Love has gone, memory still remains.'다. '메모리'라는 단어를 '기억'이 아닌 '옛날'로 해석하면 노래 가사와 똑 맞아떨어진다. 박인환의 시에 곡을 붙인 노래가 어쩌다 이 문장을 생각나게 했으며 사랑과 옛날이라는 두 단어 앞에서 기억(記憶)과 추억(追憶)의 차이가 무엇인지 돌아보게 되었다. '기억'을 반추하는 행위로서의 '추억'이라고 일단 정리했다.

기억이 늘 온전한 것은 아니다. 기억력 감퇴나 노화에 따른 필연적 결과이고 싫은 경험을 무의식적으로 피해가려고 하는 인간의 본능 때문이기도 할 것이다. 하긴 보고 듣고 말한 사실 전

그들도 추억할 수 있을까

부를 머릿속에 담아 다닌다는 것도 할 짓이 아니다. 망각이 우리를 편하게 만들 때도 있기 때문이다. 육체적으로나 정신적으로 완벽하지 않은 우리를 인간적이라고 할 만한 특성 중의 하나가 망각 아닌가. 그런데 인류가 인류 자신의 정체성이라 이해해왔던 방식을 완전히 떠난 새로운 인간형이 곧 출현한다면 우리는 이를 인간답다고 얘기할 수 있는지 등에 대한 조심스러운 논란이 근자에 부쩍 활발하다. 인류가 겪지 못했던 인간과 기계의 경계선 해체, 즉 '인간성 상실'이 그것이다.

인공적으로 만들어진 로봇이 의식이나 감각, 감정이나 합리적 사유 능력 등 도덕적 지위와 연관된 특성을 인간과 동등하게 갖춘다면 그리고 그들도 고통을 느끼고 그에 상응하는 감정 상태를 경험할 수 있다면, 타인을 향한 사랑과 미움을 느끼고 반응하는 존재의 탄생이 과연 가능할까. 《호모사피엔스의 미래》에서 신상규 교수는 이렇게 대답한다. "유감스럽게도 많은 미래 학자들은 첨단 과학기술이 인간 정신과 육체의 본성을 완전히 변화시킬 잠재력을 충분히 갖춤으로써 인류는 점점 인공지능 요소들과 결합하여 인조인간화할 것이며, 생물 종으로서의 인류, 즉 호모 사피엔스와는 전혀 다른 포스트 휴먼으로 진화해 갈 것이다."

라고.

　금세기 들어 부쩍 발달한 생체 공학 덕분으로 우월 인자만을 추출하여 건강하고 똑똑하며 아름다운 인간을 생산하는 연구가 이미 상당 부분 진행되고 있다는 사실을 알 만한 사람은 다 안다. 여기서 한발 더 나아가 환경에 적합한 인간을 창조하려는 시도, 슈퍼맨의 몸과 컴퓨터의 인공지능을 결합하는 기술연구가 실용화할 경우 앞으로 태어날 신인류도 지금 우리처럼 그들 이전의 기억을 추억할까? 젊은 날 아련한 첫사랑과 아득한 유년의 추억을 회상할 수 있을까. "시몬, 너는 좋으냐, 낙엽 밟는 소리가."라고 중얼거리면, "너, 가을 타는구나. 술 한잔하자."라고 받아줄 친구가 미래 세계에도 존재할지 의문이라는 말이다.

　인간이 만든 기계문명 앞에 우리가 맥없이 무릎 꿇는 것은 어떻든 가당치 않다. "생물학적 종으로서의 인간은 자연적 진화의 우연적 산물이며, 그것은 불가피하지도 당위적이지도 않다. 그러함에도 불구하고 인간 종이 유지되고 보존되어야 한다면 그 이유는 무엇인가"라는 명제는 학자들의 몫, 몽매한 나의 머리로는 정답을 찾지 못한다, 차라리 이파리라도 한 장 남기려고 뻣뻣한 소나무 껍질을 안쓰럽게 기어오르는 담쟁이의 본능에서, 위대하다는 인간의 이성을 능가할 법한 생명의 강인함을 본다.

　과학과 의학의 진보는 멈추지 않을 것이다. 괄목할만한 그 방면의 성과에 재나 뿌리겠다는 의도는 시쳇말로 '1'도 없다. 답답해서 훌쩍 떠나온 길, 이른 새벽 수청리 강변을 뿌옇게 덮은 물안개에 물었다. 흔적조차 남기지 못할 생명이라면 그 존재 이유는 무엇이냐고.

소리 잡담(雜談)

　8월 하순, 황산벌 한복판. 계백은 출병 전부터 이 전쟁이 승산 없는 싸움임을 인지하고 있었다. 나당 연합군 대비 병력의 숫자나 사기 측면에서 백제는 압도적으로 열세였다. 자기 손으로 처자식을 죽이고 전장으로 떠나온 이유도 가족이 적에게 농락을 당할까 어쩔 수 없던 고육지책이었다. 동쪽 벌 끝에서 뭉게뭉게 흙먼지가 일었다. 신라군이 공격을 개시한 것이다. 계백은 신라와의 일전을 명령했다. 죽기를 각오한 오천 명의 정예병이 함성을 지르며 적진을 향해 돌진했으나 백제는 내부적으로 무너진 지 오래, 《삼국사기》에 기록된 서기 660년경 황산벌의 모습이다. 한국전쟁 발발 직후 설치한 논산 신병훈련소가 이곳에서 지척이다. 나의 훈련소 시절 교관은 군기 유지 차원에서 틈날 때마다

고함을 지르라고 독려했다. '어머니'를 다섯 번 복창하라거나, 애인 이름을 목청껏 '세 번' 불러보라는 등이었다. 계백의 시절에도 '어머니'나 '순이야~ 라는 애틋함이 있었을까. 겁을 먹은 병사의 안쓰러운 고함이 용감한 장수의 결연함 앞에서 구국 충정의 함성으로 탈바꿈했을까.

그로부터 1300여 년이 흐른 겨울, 광화문 양식당 한구석 천장 밑에 놓인 텔레비전에서는 사람들의 함성이 거세다. 시청 앞과 광화문, 두 무리의 시위대가 화면을 각각 반씩 차지한다. 친구가 묻는다. 누가 최후의 승자일지. 정의롭고 진실한 자? 대답 대신 입을 비쭉이 내민다. 상쾌한 팝송 한 곡이 울려퍼진다. 아바의 상큼한 고음이 확성기를 벗어나 밤하늘을 아득하게 뒤덮는다. "I don't wanna talk…, Winner takes it all…, Loser has to fall…." 맞는 말이다. 텔레비전 화면이 광장의 전광판을 비춘다. 추대형 LED 액징이 오른쪽으로 부드럽게 움직여 장면을 바꾼다. 12월의 마지막 밤 그래픽 문구 한 컷이 시커먼 허공에서 번쩍거린다. 조지 윈스턴의 피아노 소품 〈December〉 마지막 12번째 곡 〈Peace〉처럼 코발트 빛 두 글자 '평화'가 광장 위 까마득한 하늘 위에서 널름대며 춤을 춘다. 또 한 번 함성이 터진다. 평화를 주장하는 시위대의 고함이 파괴를 부추기는 함성으로 들리는 이유는 뭘까.

입(口)은 음식을 섭취하는 기관이면서 동시에 의사소통을 위한 발성 기관이다. '함께'라는 뜻과 '힘을 다하다'는 뜻의 함(咸)과 합쳐서 '소리'나 '소리를 내다'라는 뜻의 한자어 함(喊)을 만들었다. 화가 난 사장이 고함(高喊)을 질렀다거나 대통령 후보 지지자들이 연설 중에 함성(喊聲)을 터뜨렸다는 식으로 쓰인다. 성난 시위대의 함성이 서울역과 광화문을 덮은 1980년의 사례, 마시고 배째라는 빈대떡 신사에게 아줌마가 퍼붓는 고함 등에서 의미 추정이 가능하다.

집 근처의 도예단지 개발 사업은 공시 이후 9년이나 지나 부지 조성작업의 첫 삽을 떴다. 선 예탁금 납부자들의 진정과 고함이 끊이지 않았다. 우여곡절 끝에 단지 내외 도로 윤곽이 잡혀 분위기가 무르익어갈 무렵 코로나가 유행하기 시작했다. 자기 자본으로 시작한 신청자야 문제가 없었으나 은행 융자를 받아 분양받은 사람들이 아우성을 치기 시작했다. 개발 사업은 한없이 늘어졌다. 반 정도 완성된 상태에서 보여주기식의 기공식이 열렸다. 가능한 한 빨리 완성되게끔 적극적으로 노력하리라는 도지사의 축하 인사말에 우레와 같은 함성과 박수갈채가 쏟아졌다. 그것도 잠시, 꽁꽁 얼어붙은 경기침체 탓인지 단지 안이 횅하다.

이곳을 산책하면서 기분이 편하지 않다. 서부영화에서 한바탕 총질이 끝난 직후의 황량함 스산함을 연상시키는…. 그 와중에 나를 즐겁게 하는 일이 생겼다.

개울 옆 아로마라는 카페 앞에 태양광 가로등 몇이 나란히 서 있다. 저녁 산책객이 지날 때마다 오른쪽부터 차례로 켜지고 몇 분 지나면 자동으로 꺼진다. 주인의 관리 소홀이었을까 아니면 설비 자체가 부실했을까, 어느 날인가부터 하나둘 고장이 나 이젠 네 개만 살아있다. 이마저 작동이 안 되면 어쩌나, 카페가 가까워질수록 나는 슬슬 불안해진다. 켜져라, 켜져라, 고함치면서 손바닥을 맞닥뜨려 공기를 움직이게 애쓴다. 첫 번째 등이 환히 켜진다. 함성을 지르면서 명령한다. 이번엔 너, 두 번째 등이 켜진다. 야호! 그런데 세 번째 등이 잠잠하다. 야! 고함을 질러도 소용없다. 그 틈에 네 번째 등부터 켜진다. 내 입에서 다시 함성이 터진다. 쟤늘인들 오죽이나 답답할까, 어쩌면 그들도 다가오는 내 발소리를 듣는 순간 전등을 밝히지 못하는 답답함으로 아우성칠지도 모른다. 내 탓이 아니라오, 나도 밝아지고 싶어요. 내 잘못 없어요, 라고.

못난이 예찬

　백운호수 변 부교를 걸어 청계사 샛길로 접어든다. 낮은 언덕 앞에 정남향으로 넉넉하게 자리 잡은 한식집, 커다란 유리창이 기운 햇살 받아 빛난다. 건물 한 귀퉁이를 'ㄱ'자 형태로 늘여 출입문을 냈다. 얼핏 보아도 풍수지리 개념을 착실하게 도입한 건물이다. 안벽을 따라 맨바닥에 늘어놓은 놋쇠 대야, 둥그런 바가지와 넓은 소쿠리 속에 참외 크기 과일이 올망졸망 담겼다. 입구부터 좁은 통로 끝까지 과일 향이 넘친다. 울퉁불퉁한 겉모습과 전혀 어울리지 않는 향긋함이 코를 찌른다. 상큼함이 과일의 대표적 속성이라지만 그 정도인 줄은 몰랐다. '새콤'과 '상큼'만으로 충분하지 않은 이 향을 적절하게 표현할 우리 말이 있기나 할까.

못난이들을 입구에 줄줄이 늘어놓은 이유도 궁금했다. 한방에서 약재로 쓴다는 사실쯤 다 아는 상식이고 승용차 뒷자리에 방향제 삼아 서너 개 놔두거나 설탕에 재워 차로 마실 용도 외에 또 뭐가 있을까. 식사하러 찾아온 손님들 상대로 팔아보려고? 얼마나? 굳이 문제 삼을 것 없건만 삐딱해지는 내 심보는 뭐람. 모과 향에 취했기 때문인가. 가게를 나오면서 기어코 시비를 건다. 한 개 들고 갑니다!

안주인이 틀림없다. 영업 마감 시간, 특히나 주말엔 그나마 남아나는 것 없다고 너스레를 떨다가 눈을 깜박이며 검지를 위로 세운다. 하나만? 판매용은 아니구나. 흐흐, 튼실해 보이는 놈을 추가로 집어 들었다. 그녀가 배시시 웃으며 도리질이다.

"하나만 가져가시지요. 필요한 분들 많던데."

"예쁘잖아요. 향기도 기막히고."

"예뻐요? 설마! 우리 아저씨는 나 닮은 애들만 늘어났다고 맨날 면박인데."

기회다 싶어 한 개를 더 집어 들고 자리를 떴다. 딴 손님들에게는 비밀이라며 손사래를 치는 식당 주인 생김새와 말투가 호주머니 속에 집어넣은 모과만큼이나 수더분하다.

한자어 목과(木瓜)에서 유래한 모과는 어원대로 따지자면 나무에서 열리는 참외일 것이다. 매끈하지 못한 겉모양, 떫고 신 맛에다 껍데기까지 뚫고 치솟는 끈끈이 때문에 사람들은 이 과일을 과일이되 과일답지 않은 과일로 친다. 어물전 망신은 꼴뚜기가 시키고, 과일 망신은 모과가 시킨다는 속담도 있지 않은가.

예쁘다거나 흉하다고 찍어 말하는 것이 차별의 본래 의미는 아닐 것인데 요즘 세상에 그런 말을 입에 올리면 비난의 화살을 피해가지 못한다. 식물의 세계까지 만연한 외모지상주의 탓이라 가정하면 모과는 적이 억울할지도 모른다. 꽤 볼만한 꽃인데도 개나리, 매화나 벚꽃 등에 가려 존재감이 떨어지며 심지어 모과나무 꽃이 있는지도 모르거나 아예 관심조차 없는 사람이 대부분이다. 예쁜 꽃은커녕 못난 열매로 각인된 현실은 안됐지만 과일의 본디 가치야 깊은 속 어딘가에 그대로 남아있을 것이다.

'동남풍에 떨어진 모과'도 겉모습이 변변치 않은 여자를 빗대 폄훼하는 말이다. 볼품없는 형태와 혀를 거스르는 맛 등 무엇 하나 번듯이 내세울 것 없어 뵈는 과일이라지만 기를 쓰고 겉치장에 매달리는 속물들의 허영보다 소박하지 않은가. 모과 최고의 미덕은 단연코 향이다. 같은 장미과 식물인 장미, 찔레와 모과를 비교해보면, 우선 장미꽃은 황홀하다. 많은 향수가 추구하는 향의 전형이며 어찔하게 세다. 찔레 향은 장미보다 연하나 넓고

깊게 퍼져나간다. 그들보다 향기가 덜한 모과는 그 대신 멀리 그리고 낮게 깔린다. 한여름 지나 열매가 달리는 가을부터 이 못난이의 진수가 유감없이 드러난다. 있는 듯 없는 듯 두루두루 퍼지는 향기는 그가 가진 여타의 단점을 메우기에 충분하다. 동의보감에 전하는 약재료서의 효능은 차라리 덤이라 봐야겠다.

도자 접시 위에 모과 두 개를 가지런히 올린다. 색깔과 크기, 모양까지 제각각인 얼룩이 아기 엉덩이에 박힌 몽고반점을 닮았다. 한쪽엔 다양한 선 모양의, 다른 쪽에는 분화구처럼 넓게 패인 선홍 생채기가 아무 곳에나 덜렁 눌러앉았다. '음표가 음악을 구성하듯, 음높이가 화음을 자아내듯' 자연스런 형태와 부드러운 색감의 낙서를 생동감 있게 그려낸다. 칸딘스키 선생의 따뜻한 추상화 〈구성 8〉의 어느 한 부분이 저 멀리 바다 건너 미국 땅에서 우리 집 식탁 위 모과 껍질까지 '순간 이동'해 왔다며 혼자 히죽거린다.

두 주가 지났다. 손톱만하던 주홍 반점이 땅따먹기하듯 야금야금 제 영토를 넓혀간다. 영원한 것은 없다는 전제하에 살아갈 시간의 길이는 지나간 세월의 양에 반비례한다. 겨자 빛 껍질 위 진한 자주 반점이 짙어갈수록 면적이 넓어질수록, 그리하여 껍데기 전체가 새까맣게 변하면서 나의 후각을 화들짝 일깨웠던

못난이 예찬

새콤한 향도 시나브로 사그라들 것이다. 지금이라는 시간과 이곳이라는 공간을 거스르지 않고 순응하는 삶이 존재 이유라고 일러주는 듯하다.

겉으로 드러난 화려함보다 안에서 넘쳐나는 그윽함으로, 과시욕이나 경박함보다는 겸손과 조신으로 무장한 모과의 속성처럼 오래도록 은은한 향기를 뿜어내는 사람을 좋아한다. 뒤뜰에 여유 공간이 많다. 새봄이 오는 대로 모과나무 한 쌍을 정중히 모셔야겠다.

훔쳐 온 정원

　울창한 숲속 굽이굽이 늘어진 황톳길이 아름드리 거목을 이고 간다. 빽빽한 나뭇잎 새를 용케 헤친 햇살이 소나기처럼 쏟아붓고 길옆 계곡 바위 틈새로 우렁찬 물살이 서커스하듯 미끄럼을 탄다. 명산은 가뭄에도 물을 품는다더니 명불허전(名不虛傳)이 따로 없다. 승선교를 지나 오름길 끝 홍살문까지 녹음이 뿜어내는 향기가 푸지다. 걸음을 옮길 때마다 줄곧 풀썩거리는 흙냄새와 뒤엉키면서 나를 따라왔다.
　문화유산 해설사의 목소리가 들렸다.
　"저 아래 다리와 이 법당 건물, 문화재로 지정된 몇 개 보물은 인간의 작품이고, 신선만이 빚을 수 있는 걸작품 세 가지는 따로 있답니다. 봄꽃, 가을 단풍과 지금 우리가 밟고 올라온 오솔길이 그것입니다. 보장하건대 삼월 홍매화와 왕벚꽃, 시월 단풍은 이 세상 최고입니다!"

세계 최고가 나왔다. 그쯤의 과장이야 꼭 밉상이랄 수 없다. 마이크 속 음성이 드문드문 끊긴다. 민망했나.

승선교, 득도하지 못한 자괴감으로 자살하려던 스님을 신선(仙)이 나타나 구해준 후 하늘로 올라갔다(昇)는 전형적인 "옛날 그 옛날에" 식의 돌다리(橋) 이름이다. 이곳을 설명하면서 여기 널린 모든 게 '세계 최고'라고 엄지를 치켜세우던 그녀의 너스레를 진즉 알아봤다. 봄도 가을도 아닌 하필 여름 한복판, 굳이 먼 걸음을 다시 하고 싶지 않다. 그냥 '이 세상 최고'로 인정하고 말지.

유네스코는 태고종의 본산 선암사(仙巖寺)를 세계문화유산으로 지정했다. '천년 넘도록 한국의 불교 문화를 계승하고 지킨 종합승원'이라는 점을 근거로 제시했다. 국보급 보물을 네 점이나 보유하고 있다는 중후함과 달리 첫인상은 소박하고 수수하다. 건축물 대부분이 크고 높기보다 작거나 낮다. 대처명찰(大處名刹) 앞에서 느끼는 장엄함과 그로 인해 엄습하는 위압감이 없다. 본존불을 모신 금당의 규모가 다른 사찰 대비 아담하며 눈이 불편할 정도로 울긋불긋 때로는 촌스러워 보이는 단청 깔이 이곳에서는 가라앉아 진중하다.

　구역별 경계를 가르는 담벼락은 근방에서 주워온 돌로 채운 듯 친숙하다. 꼭 필요한 곳을 빼고는 아이들도 훌쩍 뛰어넘을 높이의 새끼줄로 금을 그었다. 봄은 매화와 벚꽃으로 가을엔 색색의 단풍이 뒤덮는 낮은 기와 담장 사이 정겨운 골목길과 구불구불 이어진 오솔길을 지나 산 중턱에 편안하게 들어선 본당까지 자연 속으로 부드럽게 녹아든 품이 아늑하다. 저 산이 이 절을 품었는지 이 절이 저 산을 업고 있는지 알 수 없다. 엄청난 문화재가 머릿속에 덜컥 들어오지 않는 까닭도 눈에 보이는 것만으로 설명이 쉽지 않은 보물 이상의 가치가 어딘가에 있기 때문일 것이다. 산, 탑, 건물, 담장, 꽃, 나무. 그들을 몽땅 품은 공간, 정원 같은 것.

　유서 깊은 사찰 내력과 정갈한 분위기 등 자랑거리만 있는 건 아니다. 주변 임야를 보유한 조계종과 50년 넘게 이 절을 실질 운영해온 태고종 간의 소유권 다툼이 대표적이다. 육십 년 넘게 두 종파는 자신이 이곳의 주인이라며 법정 분쟁을 벌였다. 국내에서 가장 아름답다는 목조 관음 불상의 진품 여부도 아직 논란거리다. 도난 사건이 빈번했던 1990년대 중반 몇 달간 이 불상을 모조품으로 대체했다가 진품으로 봉안하는 과정에서 싸움이

시작됐다는데, 불상은 말이 없고 진실을 둘러싼 양측 간 입씨름만 무성하다. 고통과 괴로움은 세인들의 헛된 욕망이 원인이라는 불가의 가르침이 무색하다. 양쪽 다 법적 근거와 객관적인 명분을 들고 나섰겠지만 나 같은 소시민의 좁은 소가지는 속세를 떠나 수도하는 구도자의 탐욕부터 떠올린다. 오지랖 그만 멈추라는 신호였나, 아랫배가 갑자기 불편하다.

  화장실 형태와 이름이 예사롭지 않다. '뒷간'이라는 말은 어릴 적 촌구석에서나 쓰던 구식이라 나는 거기서 일을 보고 싶지 않다. 발판 밑으로 떨어지면 똥오줌과 뒤섞여 끝도 없이 내려간다 던, 지나던 행락객이 툭 던진 우스갯소리도 한몫했다. 불현듯 잡생각 하나가 떠올라 걸음을 멈춘다. 오래된 한옥, 단아한 반가의 정원처럼 운치 있는 이 절을 갖고 싶다는…. 아라비아 사막 모래 속에 묻혀있을 알라딘의 램프 요정 지니를 불러낸다면, 그래서 내가 통째로 이 정원을 퍼갈 수 있다면 볼썽사나운 분쟁 때문에 바람 잘 날 없는 이곳이 잠잠해지지 않을까. 큰일 날 소리! 발길을 돌린다. 이 또한 '전 세계 최고'일 뒷간(ㅅ간 뒤)으로.

  남의 것을 허락 없이 들고 가겠다는 내 뻔뻔함 먼저 털어내련다. 배설이란 몸 안의 찌꺼기를 제거하는 일, 한 줄기만 빼내도

근심이 사라지고 몸이 가벼워진다. 욕심을 없애는 행위도 무릇 그러할 것, 동시대의 현자였던 부처와 공자가 뭇 대중에게 설파 하셨다. 부끄럼과 창피함을 아는 것이 거대한 우주를 지탱하는 기둥이며, 이 사실을 모르면 사람이 아니랬다. 마음의 간음도 부정하다고 말씀한 이는 예수다. 그릇된 마음을 주저 없이 버리라는 말일 게다. 구덩이 속 깊은 바닥으로 창자 속 노폐물을 쏟아 냈다. 경건하게 마술 주문을 외운다고 램프 요정이 나오리라는 보장은 원래 없던 것, 아쉬움을 접고 선암사 정원 탈취 계획을 슬그머니 내려놓는다.

소문 듣고 쫓아와 내 손에 없는 정원을 탐낼 밤손님 부담에서 벗어나 편안하다. 야무진 꿈이 꿈으로 끝나 다행이다. 그런데 소유라 하는, 갖고 싶다는 욕망, 영원히 내 것이기 불가능한 허상 앞에서 무참히 흔들린다. 털어내지 못한 욕심 한 가닥이 미련하게 내 안에 따리를 틀었나. 새털처럼 팔락거린다. 좋아하는 뭔가를 곁에 붙들어 두겠다는 바람이 꼭 불경죄인가는 의문이지만 초대한 적 없는 남녘 땅 먼 곳 예쁜 정원이 제 발로 내 안에 들어왔고 나는 이를 돌려보낼 마음이 손톱만큼도 없다. 세 현인의 말씀을 무시하고 사람 되기를 접어야 할지 모르는 척 넘겨야 할지, 행복한 고민에 빠진다.

겨울나기

 춥다. 연말 닷새 전, 12월 31일이 유효기간인 부암동 소재 사립박물관의 초대장을 받았다. 한 해의 마지막 날 도심 속 한적한 골목을 발길 닿는 대로 터덜거릴 것이다. 경복궁에서 내려 걸어가나. 차창 밖으로 청와대 주변 풍경을 남고 지나는 마을버스를 탈까. 요런 고민만으로 하루를 살고 싶다고 과한 욕심을 맘껏 부려본다. 꼴값! 새해가 눈앞인 지금껏 겨울나기 준비도 못 끝냈으면서.

 서울 외곽 작은 도시 나 사는 동네 주변에는 마을과 외따로인 농가 주택이 꽤 많다. 벌판 가운데 사방이 뻥 뚫려 더 추워서 겨울이 이르게 오는 걸까, 위도상 북쪽인 춘천이나 남쪽인 청양과 기온이 엇비슷하다. 꼭 그 때문만은 아닌 나의 겨울나기란

10월 초를 넘어가면 낭패 보기 십상이다. 말만 거창할 뿐 남 보기에는 그저 그렇고 그런 일들인데 나 홀로 각별하다고 애써 의미를 부여한다. 그러고 싶은 걸 어쩌랴. 더러는 호들갑 그만 떨라고 눈총깨나 받겠다.

그렇게 오래도 아닌 50여 년 전 아버지 월급날 날 엄마는 두말없이 쌀부터 한 가마니 들여놓고는 한 달 걱정 덜었다며 뿌듯해하셨다. 다음은 연탄, 여덟 식구가 추운 계절 따듯이 나려면 오백 장쯤 필요한데 100장 정도밖에 들여놓지 못했다. 이번 겨울 지난 3년간 고약한 전염병에 이은 동유럽전쟁 여파로 에너지 값이 많이 올랐다. 난방유와 LPG 가게에 전화 두 통을 걸어 기본 겨울나기를 마무리했다. 퍼뜩 드는 생각, 그때보다 편리하고 많아서 우린 행복한가.

악양 하동행은 연례행사다. 대봉감 400여 개를 사서 몇 군데 보내주고 나머지는 북서쪽 차가운 창고 방에 쟁여놨다. 올해는 숫자가 되어 2월 중순까지 너끈히 먹고 남겠다. 1월 말 전에 감이 떨어져 속을 끓였던 터라 넉넉히 샀다. 흰색 요구르트 위에 감과 블루베리를 올려 만드는 하양, 주홍과 보라의 화려한 색깔 조합이 내 눈에는 예술이다. 아침마다 먹는 똑같은 음식이 질리지도 않고, 감 좋아하는 분들에게는 그깟 거, 레시피 포함 인심 팍팍 쓸 것이다.

내 그럴 줄 알았다. 말로만 처리하겠다며 차일피일 시간만 끄는 나를 혼내줄 생각이었던지 밤새 함박눈이 급거 내려오셨다. 수도관이 얼어 터지기 전에 텃밭 가운데 설치한 수도꼭지와 계량기 먼저 정리하기로 했다. 기계치에 일 품새 없는 내가 그 일을 마무리하기까지 꼬박 두 시간 걸렸다. 수도를 설치했던 아저씨에게 전화로 묻고 짜증을 부렸다. 온갖 일 혼자 다 한 듯 머리부터 발끝까지 흙으로 검불로 범벅이었고.

난리 났다. 이쁜이가 전화를 걸어 알려준다. 관절염에다 온몸이 아파서 김장을 포기했다고. 서너 해 전부터 이 집 김치만 먹어온 우리는 어째라고! 어쩌긴? 나의 삼재는 지난해 끝났고 며칠 지나자 말짱 해결됐지. "여유 있게 담갔어. 한가할 때 들러."라는 고마운 전화가 그리고 나중에 이쁜이네가 자기 먹을 김치 만들면서 우리 몫까지 더 했다는 소식이 겹쳤다. 복이란 복 다 받을 분들이다.

4년쯤 전 고등학교 후배께서 귤 농장을 운영하는 제주 지인 얘기를 동문 밴드에 소개했다. 관심을 끈 대목은 '노지 재배 무농약 귤', 웬만한 과일 껍질의 영양소 함유량은 과육보다 최대 5

배쯤이다. 문자를 보냈다. 크기와 생김새가 고르지 않고 반점투성이인 귤 한 상자가 다음날 도착했다. 상한 부분을 도려내고 껍데기와 과육을 통으로 썰어 끓인 다음 유리병에 담는다. 토스트 위에 녹아내린 모차렐라 치즈와 함께 겨울철 입맛을 북돋울 특별한 잼이다.

생쥐네 일당은 버르장머리가 없다. 올겨울에도 우리 집 천장을 밤낮없이 내달릴 것이다. 요것들이 오가는 길목에 미리 쥐약을 놨어야 했는데. 뒷집 고양이한테 먹거리 좀 내놓고 살살 꼬드겨서 남의 공간을 제집인 양 드나드는 서생원 일족 감시나 부탁해둘걸. 2년 주기로 연말 무렵이면 집안에 숨어드는 뱀도 문제다. 책상 뒤 가국현 화백의 꽃 그림 액자 좁은 틀 위에 세상 편한 자세로 요염하게 누워있다. 작년엔 건너뛰었으니 올겨울에 찾아올 확률이 높다.

부암동(附岩洞)사무소 앞에서 '부암'이라는 지명의 유래를 쫓아가 본다. 근처 자하문에서 세검정 가는 길에 '부침바위'라는 돌덩이가 서 있었고, 여인네가 자기 나이 수만큼 바위 경사면에 잘생긴 돌을 문질러 홈을 판 다음 손을 떼서 찰싹 달라붙으면 옥동자를 낳는다던…. 턱없는 남아 선호 관습의 시대적 부산물이었다. 뭇

여인들 사랑을 독차지했던 바윗덩이는 그 동네 어디서도 볼 수 없고 동사무소 건너편 정류장의 멋대가리 없는 양철 안내판이 멀뚱멀뚱 옛 얘기를 전한다.

가파른 언덕길을 오른다. 전봇대에 매달린 화살표 팻말이 박물관까지 500m라고 알려준다. 멀지 않으나 오르막 경사가 만만치 않아 숨이 차다. 마스크 속을 휘돈 콧김이 안경을 뿌옇게 가린다. 여염집 담장 위로 진회색 솜뭉치가 올라왔다. 목련 봉오리 옆 파릇파릇한 저 망울은 확실히 진달랜데, 벌써? 우리 집 꽃뱀처럼 쥐새끼처럼, 부암동 골짜기 한옥 뜰에서 환한 봄을 꿈꾸는 그들. 아직 못 끝난 나의 겨울준비. 초조하다. 맞바람이 인다. 여전히 춥다.

전염병, 장마 그리고 옛사랑의 함수관계

불청객은 대개 예고 없이 다가온다. 신문과 TV 뉴스에서 삼청동 광화문과 여의도의 높은 분들이, 걱정할 필요 없다고 사람들 다독거리는 장면을 자주 보았다. 2월 말 시립도서관에서 상황이 나아질 때까지 무기한 휴관한다는 알림 문자를 받고시도 이 또한 잠깐이려니, 조만간 열리려니 넘어갔다. 사스와 흑사병까지 견뎌낸 위대한 인간이 전염력 강하나 감기보다 좀 센 독감의 일종이라고 이놈을 얕잡아봤다. 서너 주, 길어도 두세 달이면 말끔히 끝날 거라는 말을 믿고 상황이 나아질 때까지 당분간 머물 곳을 찾으면 그만이었다.

2층 80여 평 공간이 갈 곳 모르는 내 앞에 때맞춰 나타났다.

시 외곽에 들어선 별 다방은 걸어 다니기 편하고 사람도 적다. 오전 8시면 인디록 풍의 음악 〈세네카(Seneca)〉가 널찍한 실내에 잔잔히 깔린다. 코로나더러인지 나에게인지 새로운 사랑(Novo Amor)이라는 이름의 밴드가 너는 누구냐(Who are you?)고 묻는다. 처음엔 전염병을 피해 들어왔다고 얼떨결에 대답했다. 소프라노만큼이나 높은 음역에서 끊어질 듯이 아슬하게 이어지는 고음이 가냘프다. 그룹명으로 판단해보면 여성 보컬일 확률이 높다. 그렇게 생각했다.

가끔 아메리카노 대신 비싼 음료를 고른다. 영업 시작 전부터 줄지어 기다린다는 경품 받는 법을 점장 도나(Dona)가 알려준 다음부터다. 새콤달콤한 프라푸치노, 발사믹 식초의 산뜻함을 연상시키는 영국 남자의 섹시한 목소리와 유행병 감염 위험을 줄여줄 나만의 비밀 아지트를 찾았다는 근거 없는 확신에 빠져 시간은 빠르게 흘렀다. 얼굴 없는 바이러스가 날로 기세를 확장하며 세상을 거침없이 짓밟는 사이 이곳은 몇몇 카공족의 영역으로 서서히 자리매김하고 있었다. 잡다한 일들을 끄적거리면서 스무 살 적으로 잠시 돌아간다.

대현동 여대 앞 정문에서 큰길로 빠져나가는 완만한 경사길

왼편 파리다방도 2층이었다. '파리다방'인데 다들 '빠리다방'이라 했다. DJ 박스 뒤쪽 벽을 차곡차곡 채운 레코드가 그곳의 자랑이었다. 삐걱거리는 목조 계단으로 조심조심 올라갈 때부터 최신 팝송과 칸초네, 클래식 그리고 샹송 등 낯선 음악이 흘러나왔다. 매주 월요일 오후 우리 예닐곱은 진자줏빛 카펫 위 좁은 탁자에서 최인훈의 《광장》과 김승옥의 《무진기행》을 어설프게 입에 올렸다. 그 와중에 한 여학생은 레지 눈치를 살펴 가며 쓰디쓴 커피와 밖에서 사 온 군고구마를 곁들여 먹었다. 레코드판이 앞뒤를 돌아 〈Don't forget to remember〉가 또 들려 올쯤에야 우리는 자리에서 일어나곤 했다. '나를 기억해 달라고? 떠난 사람 잊어야지, 미련 따위 던져버려! 그런 상황이 내게도 닥쳐올 수 있다는 생각은 아예 안중에 없던 시절이었다.

전염병 소식으로 도배된 낮과 밤이 차곡차곡 쌓여 넉 달 넘는 시간이 구름처럼 흩어졌다. 현미경을 통해서나 그 존재가 드러나는 하찮은 미물 앞에 속절없이 무너진 현실이 참담했다. 만물의 영장이라던 인간의 실체가 고작 그 정도였다는 사실도 난감했다. 다시 볼 기약 없는 이별로 아렸던 오래전 그날처럼 무기력했다. 그 틈에 봄날도 슬그머니 사라졌다. 여태껏 내 곁을 스쳐 지난 그

어느 삼사월이 요렇게 인정머리 없었냐고, 가버린 사랑도 이만큼 매정하진 않았는데, 때맞춰 오가는 계절이 뭔 죄일까만 이제 장마까지 몰려온다. 천 조각으로 얼굴을 가린 인간들이 다른 사람들의 눈빛마저 애써 외면한다. 깡패나 만난 듯 경계하며 피해간다. 그리움도, 만났다면 생기지 않았을 한 줌 감정 덩어리에 불과한가.

　한동안 적막했던 별 다방에 사람들이 다시 모여들기 시작했다. 팬데믹은 확장 중인데 주중 주말 할 것 없이 점심시간부터 빈자리가 없다. 답답함을 참지 못한 수많은 '우리'가 살금살금 바깥으로 뛰쳐나온다. 사람들 틈에서 서로서로 부대끼며 살아야 사는 것으로 생각하는 존재가 사람이다. 혼돈의 와중에서 그들이 필요했던 건 눈 맞추고 두 손 맞잡으며, 생각을 얘기하고 귀를 쫑긋하고, 목청껏 떠들어도 문제 되지 않는 평범한 순간이었을 것이다. 누군가를 만나고 어딘가로 이동한다는 일상의 소소한 자유와 권리가 얼마나 소중한지 뼈저리게 느낀다. 이유가 뭐든 누군가 그리운 이를 볼 수 없다는 사실이 사람을 힘들게 한다. 수그러들었다 확장하기를 반복하는 지긋지긋한 상황의 끝이 언제쯤일지 가늠하기 어렵다. 일 년, 삼 년, 아니면 그 이상?

삼 년 전 겨울, 신화 속 인어 공주가 발칙한 자세로 인간을 내려다보는 별 다방에 멋쩍게 첫발을 내딛던 날, 빛바랜 흑백 사진 속 옛사랑을 만난 것처럼 어색했었다. 수십 년 전 어느 봄날, 타성에 빠진 사랑은 아니었으나 현실의 벽은 높았고 난 쫓기듯 피하듯 그녀에게서 멀어졌다. 떠날 사람 떠나고 운명인 듯 우연처럼 가끔은 예상하지 못했던 인연이 불현듯 찾아오는 삶, 누가 떠나고 누가 남겨졌든, 오래도록 쓰라렸던 작별의 순간을 피하고 픈 간절함은 그날 이후 불도장처럼 내 속 깊은 곳에 새겨졌다.

짧은 문자가 도착했다. "확진 환자 접촉 1인, DT 매장 6분 방문"이라는 알림이 벅적대던 매장을 단숨에 잠재워버렸다. 다행이다. 한동안 묻었던 오래전 기억을, 아침부터 컴퓨터 가방 하나 달랑 들고 찾은 별다방 구석에 앉아 잠깐 기억을 꺼내 보는 일이 꼭 부끄럽지만은 않다. 문드러지고 바랜 모습, 그걸 어떻게든 복원해보려던 무모함. 잊힌다는 말은 이런 것일 거라며 저리던 가슴. 일단 그런 종류의 감정적 유희 속에 좀 더 빠져있을 시간은 확보한 셈이다.

위층 가는 계단 앞, 귀에 밴 아모르의 음성이 오늘따라 구슬프다. 흐느적거리는 목소리가 나를 향한 외침은 아니련만 하릴없이 목이 멘다. '당신 누구냐(Who are you)'고 또 묻고는 '아주 멀리(far, far away)'라고 소리를 높인다. 갔다는 건지 갈 거라는 말인지 모른다. 남쪽 바다 어딘가를 미적대다 느지막이 도착한 장맛비가 유리창을 툭툭 친다. 어쩌면, 빗줄기에 실려 온 그녀? 창밖이 뿌옇다. 보도블록 위로 떨어진 빗방울이 세차게 튀어 오른다.

그림자

그날 이후
숨쉬기조차 힘들었다.
산소호흡기가 필요할 만큼

뒷산에 자주 간다.
오늘은 조금 늦었다.
오솔길 벤치 위 내 자리에
누가 앉아 있다.

이파리 한 장
그리움 한 줌

5.
아날로그형 인간이 살아가는 방식

시래기 임자

입동 즈음이면 가난한 집 부잣집 할 것 없이 처마 밑에 무시래기 단이 줄줄이 내걸렸다. 퍼런 무청을 새끼로 탄탄히 엮어 햇빛 적고 바람 잘 통하는 그늘막에 가지런히 널었다. 김장 끝 떨궈진 푸성귀 쪼가리까지 죄다 시래기로 탈바꿈했고 그쯤에야 산골짝의 겨울 채비도 얼추 끝나갔다. 퍼렁이 누렁으로 변하면서 겨우내 국으로 찌개로 갖은양념 버무린 무침으로 밥상에 올랐다. 꼬맹이 입엔 텁텁하고 퀴퀴했던 풀떼기를 어른들은 맛있다며 잘도 드셨다.

양쪽의 야산 중간으로 늘어선 농경지가 동서로 길게 뻗었다. 구부정하던 지방하천 정비 작업이 끝나면서 개울가를 서성거리는 짐승의 숫자가 부쩍 늘었다. 풀숲도 무성해졌고 수확 끝난 순서로 시작된 흙덮기 사업은 12월까지 이어졌다. 시청 재원이 투입됐다는 밑도 끝도 없는 말이 대규모 아파트단지 조성 예정이라는 소문으로 탈바꿈하여 빠르게 퍼져나갔으며 마을 주민들은 이를 기정사실로 받아들이는 분위기였다. 사실이 뭐든 몇 해 전 농지 서쪽 끝에 들어선 도예촌까지 왕복 십 리 넘는 산책로를 덤으로 얻은 나만 신났다.

저녁을 먹고 논 한복판 개울가 나의 산책길로 나선다. 바람이 차다. 사람도 없다. 풀 덮인 개울 바닥에서 뭔가 냅다 튀는 소리가 들려 뒤를 돌아본다. 송아지 크기 짐승 몇 마리가 내 앞을 가로질러 허허벌판으로 내달린다. 생김새로 보면 고라니가 틀림없다. 오랜 기간의 포획금지 조치로 수가 불어난 짐승들이 먹이 찾아 내려오는 일이 많다. 산으로 돌아가다 한길에서 차량에 치이면 어쩌나, 시답잖은 걱정이 꿈틀댄다. 걸음을 멈추고 멀리 우리 집 뒤뜰을 바라본다.

김장철 장터에 산내끼로 꽁꽁 엮은 무청이 널려있었다. 일단 값은 쌌다. 서너 단을 집어 들었다. 전통을 되살려 보겠다거나 시래기국을 끓여 먹겠다는 생각은 애당초 없었다. 어릴 적 본

대로 바람 잘 통하는 응달에 매달아 놓고 오가며 바라보는 재미쯤은 생각했다. 아련한 옛사랑도 아닌, 유년 시절의 추억에 휘말려 결정한 충동적 구매행위가 바람직하지 않다는 것도 안다. 그런데 그러고 싶었다.

어릴 적 어른들의 작업 방식을 떠올리며 부엌 창 바깥벽에 무시래기를 매달았다. 필요한 만큼의 바람과 햇빛과 습기를 담아서 영양가 풍부한 먹거리로 변해 갈 게다. 인터넷을 뒤져 조리 방법도 알아보고 누구든 달라는 사람한텐 선선히 내줘야지. 눈이 오지 않는 마른 겨울이 두 달 넘게 계속되었다. 소한(小寒)이 목전이던 한겨울 새벽, 집 뒷벽을 퍽퍽 두드리는 소리에 놀라 잠을 깼다.

나 왔노라 친절하게 신고할 도둑은 세상에 없다. 손님이면 대문으로 왔을 테고, 새벽 댓바람에 이장님 행차일 리도 없다. 괭이 걸음으로 조용히 다가가 부엌 창문을 슬쩍 연다. 부스럭거리는 소리, 희뿌연 어둠 속에서 어미와 새끼인 듯 짐승 두 마리가 긴 목을 빼 들고 뒷벽을 향해 펄쩍펄쩍 뛰어오른다. 시래기를 뜯어 먹는 모양이다. 어째야 할지 몰라 한숨이 나온다. 자기들 먹으라고 갖다 놓지 않았는데.

팔짱을 낀 채 긴장한 얼굴로 다가온 아내가 창밖을 살피고는 얼굴이 환해진다.

"고라니네? 세상에…. 예쁘기도 해라."

"뭐가 예뻐? 세상 예쁜 거 다 말라 뒈졌겠다!"

"귀엽잖아. 내 걱정도 덜어주고, 실컷 먹게 놔둡시다. 내일 또 오게."

이해는 간다. 계량 수저 없이는 음식 간을 맞추지 못하는 사람이라.

돌아보면 꼭 무청을 먹겠다는 목적은 아니었으니 그것도 괜찮다. 놔두면 어차피 쓰레기로 변할 시래기라 아까울 것도 없다. 허겁지겁 뜯어먹는 두 도둑님의 마른 등짝 위로 하얀 눈발이 날리기 시작한다. 어쩌면 무청의 임자는 처음부터 내가 아니었는지도 모른다. 고라니가 알아채지 못하게, 놀라 도망가지 않도록 숨죽이고 바라본다. 그림자 새나갈라, 부엌 불까지 꺼둔 채로.

눈(雪)다운 눈이 흠뻑 오지 않았을 뿐 올 날씨는 지난 몇 해보다 훨씬 겨울답다. 설 전후 한두 번 몰아닥칠 혹한을 걱정하면서 추위는 이쯤에서 끝이기를, 함박눈이나 펑펑 내리기를 바란다. 눈이 많이 와야 풍년이라더라. 하얀 눈이 산과 들을 뒤덮으면 배고파 헤맬 짐승들이 먹거리를 찾아 우리 집 주변을 기웃대지 않겠나. 괜히 우쭐하다가 짐짓 머쓱하다. 농가 주변 어디나 널린 시래기 몇 단조차 챙겨두지 않은 사람이 생각만 넘치고 말로만 너그럽다.

겨울이 한참인 정월 초, 수북이 쌓인 잡풀 아래 연초록 새싹이 돋았다. 아무리 세상살이가 혼란하고 고되어도 자연은 순리대로 흘러가며 계절도 때 되면 알아서 다가온다. 무더운 여름 나고 김장철이 되면 한 아름 무청을 구해 뒤뜰 응달 지붕 밑에 얼기설기 걸어놔야지. 입 짧은 나보다 훨씬 어른스러운 고라니 가족이 휑한 들판 검푸른 어둠을 뚫고 새벽녘 찬바람 헤치며 찾아오도록.

시래기 임자

공짜 있다

　공돈 사만 원이 뚝 떨어졌다. 책 쪽 수를 고려하면 만 이천 원 정도인데 내용을 잘 모르는 총무께서 수강생 다섯에게 대뜸 이만 원씩 보내라고 전했다. 강습비 아닌 예상치 않은 수입이 생겨 당황했으나 굳이 설명하지 않았다. 아니, 말할 틈이 없었다. 어딜 가나 대놓고 벌어지는 수많은 도둑질에 비하면 그 정도야 괜찮다고 넘겼는데 뭔가 켕긴다. 원래 내 돈이 아닌 데다 세상에 공짜는 없다고 줄기차게 떠들던 나 아닌가.
　일해서 버는 것, 남 돈을 훔치는 것과 남이 내 돈을 가져가지 못하게 지키는 것 세 가지를 돈 버는 방법으로 요약한 이는 이동걸 교수다. 그 사만 원은 투자나 도둑질이 아니었다. 주식, 부동산, 비트코인 등 소위 '영끌투자'나 일확천금을 꿈꾸는 복권과도 다르다. 어쩌다 어영부영 굴러들어온 수익이며 더 정확히 말하면 영어 수업 교재를 정리 편집 제본한 비용 외에 추가로 이익을 붙일 명분이 없는 가욋돈이라 셋 중 어디에도 속하지 않는다. 뒷맛이 개운치 않다.

점심시간 지난 별 다방에 인파가 북적인다. 차에 앉아 음료를 주문하고 받는 시스템 덕에 매장 내 고객 숫자는 줄었으나 이제는 얘기가 다르다. 삼 년 넘도록 공공장소의 모임에 대해 정부 차원의 풀기와 조이기가 거듭되었다. 일반인의 인내도 한계치를 훌쩍 넘었고 코로나 치사율이 낮아진 탓인지 경계심도 느슨해졌다. 차 세울 곳이 없거니와 앞뒤로 막혀 꼼짝 못한 채 십여 분 넘게 기다렸다. 다행히 주차해 있던 차 한 대가 시동을 건다. 망설임 없이 페달을 밟는다.

조수석 뒤에 살짝 부딪는 소리가 들린다. 옆을 좀 살필걸. 가벼운 접촉사고라 얘기 끝에 경찰과 보험사에 알리지 말고 각자 해결하기로 합의했다. 문고리가 찌그러졌고 손잡이 아래가 살짝 긁혔다. 그간의 경험으로 볼 때 십만 원은 절대 넘지 않을 것, 이것보다 아래 금액으로 해결되면 그야말로 원더풀이고. 부품값이야 일정할 테니 수선비가 관건이겠다. 진짜로 해결해야 할 골치 아픈 문제는 아직 남아있다.

 기록을 남기지 않으려면 H 사 정비소로 가지 말고 멀리 카센터에서 감쪽같이 아내 모르게 순식간에 처리해야 한다. 덤벙대다 또 사고를 쳤다. 급할수록 돌아가라, 말만 말고 차분하자고 다짐한 것이 대체 몇 번인가. 제풀에 열 받아 속이 끓는다. 친구가 추천해준 수리점 몇 업체 중 하나를 택했다. 쓰지 않아도 될 돈이 나가게 됐네. 견적이나 싸게 나오기를 기대하자.

 정비소 사장과의 기 싸움은 예상보다 싱겁게 끝났다. 거기 단골인 내 친구의 전화를 받은 사장이 곤란한 사정을 듣고서 가격 낮출 대안을 알려줬다. 시내 대리점에 가서 필요한 부품을 직접 가져오면 수리비는 만 원만 받겠다는 말과 함께 부품 예약까지 해주었다. 심부름 값을 빼주는 게 당연한데 거저이기나 한 듯 좋다. 청구서 금액이 삼만사천 원이니 수리비까지 합쳐 총비용은 4만 4천 원이다.

 작업장 구석 사무실로 들어가 온수통 옆 커피믹스 봉지를 집어 든다. 커피 원산지가 아닌 나라에서 만들어 세계인의 사랑을 차지한 기호품, 외국에서 '한국 차(茶)'나 '스틱(stick)'이라 부른다는 제품이다. 돌아가신 어머니는 믹스를 대단히 사랑하여 한때는 하루 여섯 잔씩이나 마셨다. 정신이 맑아지고 기운이 난다 했다.

'EASY CUT' 두 단어가 보인다. 글자 아래 점선 양 끝을 반대 방향으로 잡아당긴다. 영어를 모르던 엄마도 그랬을 것이다.

봉투가 뜯어졌다. 아주 쉽게…. 문제가 뭐든 오늘은 술술 풀린다. 운수 좋은 날인가. 분말을 종이컵에 붓고 온수 꼭지를 눌러 반쯤 물을 채운다. 플라스틱 숟가락으로 훌훌 저어 한 모금 마시려는 순간 밖에서 사장님 목소리가 들려온다. "끝났어요!" 오 분도 안 됐는데? 두 시간 넘게 가슴 조이던 나를 웃게 만드는 한마디가 다시 이어진다. "사만 원만 내요, 산수 편하게." 군말 없이 만 원짜리 네 장을 내려놓고 부랴부랴 자리를 떴다.

입금 확인 겸 은행에 갔다. ATM 명세서에 이만 원씩 다섯 번, 십만 원이 확실히 찍혔다. 평소 지론대로라면 그들에게 돌려줘야 했을 우수리 사만 원이 요긴하게 수리비로 전용되었다. 나쁜 짓 해서 생긴 돈이 아니고 체면 상한 일도 없으며, 급한 상황도 웬만큼 마무리된 듯한데 켕긴다. 아내한테 사실대로 털어놓지 않았다는 것만으로 이 찝찝함을 설명하기 어렵다. 잠깐 생각해보니 답이 금방 나온다.

EASY CUT은 거저 아닌 원가에 이미 반영된 편리함일 뿐이다. 공돈 사만 원은 카센터로 흘러갔다. 내 몫이 아닌 것을 향한 순간의 양심 불량, 미안함과 갈등으로 소비된 시간은 회수 불가능이다. 불기(不欺), 입적한 성철 스님께서 생전 애지중지했다던 화두가 때맞춰 떠오른다. 세상을 다 속여도 마음 속(自心)까지 속일 수는 없을 것, 잔머리 굴려 사실을 감추려던 대상은 아내가 아니라 나 자신이었음을 비로소 알아챈다. 세상에 공짜 없다.

요즘 세상, 별 따기

    한 여자가 배시시 웃는다. 둥근 아크릴 간판 속에 별 달린 왕관을 머리에 쓰고 있다. 허리 아래는 안 보여도 머리칼 속에 가렸을 엉덩이가 자연스레 연상된다. 요사하게 갈라진 꼬리를 양옆으로 뻗어 머리끝까지 올려 두 팔로 붙삽은 그녀가 나를 바라본다. 관능적이다. 세이렌(Siren), 그리스 신화에 등장하는 바다의 요정이다. 뭇시선을 끌기 충분하나 매력적인 여성이 쌔고 쌘 이 세상, 일개 마녀의 24시간 헤픈 미소 한방에 휘둘리긴 싫다. 하늘이 흐리다.

    그녀는 외로움에 지친 뱃사람을 노래로 홀려 얼빠지게 만든다. 종착지는 죽음, 기록상으로 이 요정의 유혹을 견뎌낸 인물은 고대 그리스의 두 영웅뿐이다. 오디세우스는 강한 의지로, 오르

페우스는 마녀 뺨치는 노래 실력으로 위기를 넘겼다. 역사는 반복된다더니 수천 년 전의 이 님프가 파도 넘실거리는 대양이 아닌 내륙의 별다방에 나타나 고성능 음향기기로 노래를 들려준다. 곡 분위기가 대부분 끈적거리거나 나른하다. 우연치고는 이상하다.

거기서는 별의 교환이 이뤄지고 있었다. 회원 등록을 하고 미리 충전해둔 돈으로 상품을 구매하면 회원 카드에 별이 적립된다. 별을 모으면 몇 가지 선물과 무료 음료 쿠폰을 준다니 공짜 좋아하지 말라면서도 아둔하게 구미가 당긴다. 슬쩍 불편하다. 별을 받기 위해 내 돈을 남 주머니에 미리 넣으라니. 그뿐만이 아니다. 그들 계좌로 자동 이체를 설정한다면 추가로 별을 준다고 꼬드긴다.

1200만 명 이상의 한국인이 별을 사고 있었다. 별 다방 계좌에 천사백억 넘는 돈이 선납이나 자동 이체 형태로 쌓여있다는데 세이렌의 마법이 살아났을까, 광고 기법이 대단했을까 아니면 별을 주워 담고 싶은 인간의 기본적 욕망이었든, 고객에게 별을 드리겠다는 이 커피 전문점의 마케팅 전략은 대성공이었다. 별을 줍는 소비자는 당장 즐겁고 이자 지급 없이 꼬박 쌓여가는 현금 앞에서 별다방의 경영진은 어퍼컷 세리머니를 수없이 날리고 있지 않았을까.

1990년대 후반 극에 달했던 은행 계좌 해킹 사건으로 많은 액수는 아니지만 내 돈을 털린 적 있다. 그 경험이 아직도 억울한 내게 '자동 이체'라는 용어는 '그건 안 돼'와 같은 말이다. 대한민국에서 알아주는 회사이며, 사고 전력도 없다고 이십 대 후반 점장은 힘주어 강조한다. 금융사고를 염려하는 내가 오히려 이상한 쪽으로 몰린다. 가능성이 조금만 보이면 앞뒤 재볼 것 없이 밀어붙이던 젊은 날의 나는 어디 가고, 걱정 없다는 데도 선뜻 손을 내밀지 않는다.

쿠폰 몇 장에 혹해 별을 줍겠다면 나이 꽤나 먹은 어른으로서 자존심 상할 일이다. 조카에게 물었다. "어차피 마실 커피값을 미리 낸다고 문제가 되나요. 자주 이용하는 사람한테는 그게 오히려 편할 거고." 몇 푼 안 되는 은행 이자보다 실질적인 이익을 선호하는 현세대의 취향인 듯하다. 그에 더해서 쉽게 갖기 힘든 별을 차곡차곡 쌓아간다는 행복감도 별 줍기에 합류하는 이유의 하나일 수 있고.

별을 따고픈 인간의 욕망은 그게 불가능한 일임을 알아서 더욱 간절하다. 맑은 날 밤하늘 어디에서나 볼 수 있다는 만만함 뒤에 유사 이래 별을 따온 인간이 지금껏 없다는 깐깐함이 숨어 있다. '그대'를 위해 별을 따오리라는 오기(傲氣) 섞인 무모함을 남자들이 포기할 리 없다. 상대 여성은 그 약속이 공인된 거짓말인 줄 알고도 낭만적인 수작(酬酌)으로 받는다. 그리하여 지구 최후의 날까지 상대에게 애틋한 감정을 느끼는 인간의 연애질은 멈추지 않을 것이고.

음료수 광고에서 그녀의 고음은 싱그러웠다. 노랫말도 예쁘다. "…하늘에서 별을 따다 두 손에 담아드려요. 아름다운…" 달콤하다. 물리학적 관점에서의 별은 물질 구성 요소 중 가장 가벼운 수소의 집합체이며 에너지 고갈과 환경 변화 대비 대체 방안을 찾는 과학자들의 탐구 대상이다. 일반적으로 별은 밤하늘에 빛나는 행성의 무리이며 신화나 전설을 통해 인간에게 꿈을 심어주는 신비한 존재로 군림해왔다. 그런 별을 따준다는데 마다할 사람이 그 누구랴.

난 커피광이 아니다. 다른 이유로 그곳이 편안한 소위 카공족이다. 조카 말대로 어차피 쓸 커피값이면 떨어지는 별을 선금 내고 주워 담는 것도 나쁘지 않다. 자동 이체는 접었다. 정식 회원이 되자 보란 듯이 무료 쿠폰이 날아왔다. 기분이 썩 좋다. 별

따는 노래나 목 터지도록 부르던 시절은 이제 끝, '따기'가 실속 없는 낭만임을 깨닫고서 현실적인 '줍기'로 갈아탔다. 예나 지금이나 세이렌의 유혹은 강렬하다. 하늘의 별 따기만큼이나.

오후부터 나비 팔랑거리듯 춤추던 눈발이 해 저물기 전 날갯짓을 멈췄다. 늦은 밤 마당에 나와 전봇대 위 조각달을 바라본다. 뭔 심술로 밤하늘은 저리 맑을까. 별만큼 무한대로 널린 시간이 인간한테는 왜 제한적인지도 억울하고. 모든 인간에게 차별 없이 그럴 거라고 믿으니 한편으론 안심이다만. 이래저래 오늘은 편히 잠들기 글렀다. 멀리 까만 하늘 바라보며 동주 형의 시 한 구절을 흥얼거린다. 별 하나에 추억과 별 하나에 사랑과….

눈은 구백구십 냥

멀쩡한 낮달이 초저녁부터 겹쳐 보이기 시작한다. 안개 자욱한 초저녁 강가에 선 것처럼 뿌옇다. 뻑뻑한 안구를 바늘로 찌르듯 모래알로 비비대듯이 눈자위가 쑤신다. 가려워서 참지 못한 손등이 따가운 눈두덩을 자꾸 오르내리고 창밖의 아크릴 간판 글씨는 덩어리로 뭉쳐서 꿈틀거린다. 거울 속 저편의 핏발선 두 눈이 일그러진 내 얼굴을 멍청하게 바라본다. 육중한 벽 하나가 반갑잖게 내 앞으로 다가온 것이다. 반나절도 안 되는 짧은 시간에.

사십 대로 접어들면서 가끔 그랬었다. 잠깐 그러다 정상으로 돌아왔다. 긴 세월 혹사당한 내 눈이 어련할까 대충 넘기다가 의사 친구의 경고가 무서워 안과를 찾은 때가 10여 년 전, 수술

한 방으로 눈이 밝아졌고 일상이 편안했었다. 아픈 것도 문제였지만 오래전의 갑갑했던 상황보다 나빠질까 봐 초조하다. 하필이면 금요일 저녁, 응급실 말고는 정식 진료받기도 쉽지 않을 텐데.

몸이 천 냥이면 눈은 구백 냥, 평소 귓전으로 흘리는 잠언의 근거가 궁금했다. 그 와중에 손전화를 뒤진다. 부피로 보면 신체의 오천 분의 일에 불과한 눈이, 감정과 기분을 드러내는 창구이자 외부 정보탐색 및 수집 기능 등 역할이 대단하다. 사람의 가치 천 냥이면 눈은 구백 냥이라던 옛 어른들의 평가는 틀렸다. 거기다 구십 냥쯤을 더 보탠다면 모를까.

나아지겠지? 점점 심해졌다. 눈자위도 부어올랐다. 눈을 감는 것이 편했다. 아니, 저절로 감겼다. 한쪽 눈은 있으나 마나였고 앉아도 서도 마냥 불편하다. 눈이 아프다는 사실은 보기 힘들다는 단순함으로 끝나지 않았다. 생각하고 움직이는 행동 포함 일상생활의 상당 부분을 단번에 정지시키는 난감함 이상이었다. 무기력한 주말 이틀이 80년 '서울의 봄' 시작점이던 5월 15일 금요일 밤을 빼닮았다.

종로통 곳곳에 시뻘건 불길이 널름거린다. 기세등등하던 한낮의 시위 행렬은 해질녘쯤 맥없이 수그러지고 전투경찰의 방패와 곤봉 앞에서 피라미처럼 흩어지기 바쁘다. 하필 그런 날 그런 곳이었을까, 세 번 만난 여학생을 서둘러 보내야 했다. 전화번호도 모른 채 얼결에 헤어지고 이틀, 월요일 조간신문은 탱크를 앞세워 대학가로 진입한 계엄군 사진을 1면 머리기사로 내보낸다. 그건 벽이었다. 그녀와의 연락 방법을 송두리째 막아버린….

휴교 조치가 해제된 구월 초까지 백 일 넘는 기간이 시름없이 흘렀다. 권력이 사람의 입과 눈과 귀를 가렸던 때다. 떠벌리지 않고 듣지 않은 척만 하면 그만일 입이나 귀와 달리 시각적 경험에 유별나게 민감한 나다. 눈에서 유발된 그리움이라는 감정은 아무리 안 그런 척한다고 해도 호락호락 물러서지 않았다. 그때는 훤한 눈으로 첫사랑을 볼 수 없었고 지금의 망가진 눈은 코앞의 형태마저 구별하지 못한다.

내 눈이 어쨌든 세상은 굴러간다. 나 없이도 별 탈 없는 상황이 적이 당혹스러웠다. 가뜩이나 내세울 것 없는 내 알량한 존재감마저 덩달아 없어질까 걱정이었다. 눈 말고는 다 성한데 밝았던 세상을 추억으로만 되새기며 살기에는 한참 이른 나이, 인정하기 거북한 현실 앞에서 풀이 죽는다. 세월이 가면 옛날도 흐려지고 그러면서 나는 세상을, 세상은 나를 차츰차츰 서로 지워가는 걸까. 주말 이틀이 느려 터졌다. 월요일 아침 서둘러 집을 나선다.

뭐가 잘못됐을까요, 의사가 무심히 묻고 나는 속으로 답한다. 그걸 알면 내가 의사하지. 눈물 약을 자주 넣고 눈동자를 움직여라. 안구 건조나 미세먼지가 원인일 수도 있다. 컴퓨터와 핸드폰 사용을 멈추어라. 절대 안정할 것. 먼 곳을 자주 쳐다보고 며칠 더 지나서도 좋아지지 않으면 대학병원으로 옮겨 정밀진단을 받아야겠다. 그로부터 사흘, 안약도 항생제도 철저하게 나를 거부한다. 눈 뜨기조차 쉽지 않다. 진찰소견서를 들고 큰 병원으로 갔다.

오래전 작고하신 김 추기경의 친필 휘호가 대학병원 대기실 벽에 걸려있다. '눈은 마음의 등불', 아파서 그랬겠으나 액자 속의 붓글씨 일곱 자가 물색없이 반갑다. '창(窓)'을 대신한 '등불'을 바라보며 이곳을 추천한 의사 선생님이 문득 고마웠다. 그것도 잠깐, 두 시간 넘는 사전 검진과 그에 따른 처방은 혹독했다. 서너 가지 약을 아침에 일어나서 취침 때까지 시간 맞춰 먹고 바르고 떨어뜨리고. 애꿎은 눈꺼풀만 온종일 괴롭게 되었다.

안약과의 불편한 동행은 40일 넘게 이어졌다. 40여 년 전의 휴교 시절만큼이나 암담했다. 눈이 아파 움직이기 불편하니 의지까지 약해지면서 생각도 엉뚱한 방향으로 흘렀다. 절망과 희망, 어둠과 등불 등 평소라면 심드렁했을 관념적이며 조금은 철학적인 용어들이 머릿속을 휘저었다. 눈은 마음의 창이랬지. 내 눈과 사전검사 결과를 번갈아 살피던 의사 선생님께서 내 속내까지 읽었다는 듯 입을 연다. 됐어요, 이젠 동네 병원으로 가서도 되겠습니다.

지난 연말 동창 친구가 안부를 물어왔었다. 이제는 삼재 끝물이야, 조심하자고. 쉬이 가기 섭섭할 날삼재의 고약한 심술을 경계하라기보다는 건강하게 복 많이 받으라는 덕담이었다. 그 한마디가 마술이라도 부린 것일까, 설 지나 대보름 저녁 눈앞의 흐린 벽이 걷히면서 둥근달이 훤히 떴다. 언젠가 세상을 떠날 사람들, 옆에 있다고는 하나 때로는 볼 수 없는 소중한 존재들, 이제는 눈이 아프도록 바라보리라. 맑아진 눈 속에 꼬박꼬박 담으리라.

기다림, 나에게 다가온

　주로 경양식 집이었다. 남학생이 꺼내놓은 소지품을 여학생이 선택하는 방법으로 파트너를 정하는 방법이 재미있었다. 상대가 마음에 들면 남학생은 어떻게든 다시 만날 약속 '애프터'를 받아내려고 애썼다. 전화번호를 받은 아이는 드물었고 대부분 학교 주소일망정 그것만으로도 성공이었다. 주소 적은 간지 속에 몇 글자 써서 학교 신문을 미팅 상대에게 보냈다. 여학생이 답장 겸 자기 학교 학보를 답장으로 보내주면 친구로 인정한다는 뜻이었다.

　단톡방이 오랜만에 왁자지껄하다. 공휴일 아침부터 대화창을 도배한 어른들의 수다, 책을 잘 받았다는 감사 겸 출간 축하 인사가 활발하다. 글쓴이의 정성과 인고의 결과를 문우들에게 선보이는 시간, 내용과 별개로 책을 받는 사람은 즐겁다. 보낸 쪽은 향후 반응에 대한 기대와 걱정이 반반일 것이다. 공휴일엔 우편물 배달이 되지 않는 줄 알면서 다른 분들이 받았다니까 슬쩍 일어나 현관 앞 편지함을 뒤진다. 지난밤에 없던 우편물이 이 시각에 올 리 없다.

그러고 보니 하루 전 토요일 조간신문도 도착하지 않았다. 마당을 가득 채운 풀숲, 텃밭 가장자리와 매화나무 밑, 데크 위까지 샅샅이 뒤진다. 역시 없다. 시골 생활에서 본의 아니게 벌어지는 일이다. 그러려니 한다. 스마트폰을 통해 웬만한 정보 확인이 가능한 시대, 그러나 종이신문은 여전히 매력적이다. 아날로그 방식을 접지 않는 한 나를 계속 괴롭힐 고질병이다. 다 좋은데 도착했어야 할 책이 오지 않았고 전날 신문까지 행방불명이라는 점이 문제다.

사나흘이 더 지났다. 나와 아내 간에 왔어, 아니, 가 레코드판처럼 반복됐다. 온라인 대화방에서는 어제 얘기의 연속이다. 축하, 감사, 귀한 책, 멋진 제목, 좀 전에 도착…. 늦은 오후, 다시 아내에게 물었다. 같은 대답, 조금씩 초조해지기 시작한다. 기약 없는 기다림이나 예측 안 되는 미래는 사람을 지치게 한다.

신문사에서 일괄 인쇄하던 시절의 조간신문은 트럭에 실려 밤새 전국 보급소로 운송됐다. 새벽 대여섯 시, 늦어도 7시쯤 배달되었다. 대도시에서는 아파트가 주요 거주 문화로 자리를 잡으면서 이른 아침 '신문이요~~~' 외침이 어느 순간 사라졌다. 현재는 IT산업과 인터넷 발달 덕에 지국별로 인쇄를 진행한다고 들었다. 보급소 대표자의 말에 따르면 밤 10시 전 원고 파일을 받아 자정 전에 마무리한다고 했으니 대략 자정 직후부터는 배달업무가 시작된다는 말이다.

시간 단위로 물어보는 게 안쓰러웠던지 아내가 미리 연락한다. 아직, no, 안 왔네, 오겠지. 없어. 단톡방은 종일 바쁘다. 고맙습니다, 멋있어요, 저도요, 소중한 책, 읽어주셔서 감사, 출간 축하. 도대체 이 동네는 왜 늦는지 처음의 답답함은 초조함으로 끝내는 걱정스러움으로 커간다. 나한텐 안 보냈나, 실수로 발송자 명단에서 빠졌나, 속이 탄다.

아내한테서 문자가 왔다. 배달 인력이 없대요. 구독료가 약간 오르더라도 우체국을 통해 신문을 받겠느냐 묻네. 그럼 당장 배달 가능하다는데. 그래? 조간도 석간도 아닌 오후 신문이 되겠네. 낄낄거리며 한바탕 웃음과 함께 스치는 막연한 불안감. 이

순간이 최선일지도 모른다. 세월이 더 지나면 신문을 찾으러 직접 가야 할 날이 올지도 모르고, 아니면 종이 신문이라는 것이 아예 사라져 버릴 수 있지 않을까.

수요일 새벽이었다. 문을 열고 밖으로 나간다. 현관 앞 어딘가 떨어져 있어야 할 신문지가 보이지 않는다. 아, 잠깐 잊었다. 이제는 낮에 우체부가 신문을 배달하리라던. 혼자서 객쩍다. 반복되는 언어와 습관의 무서운 힘을 실감한다. 오늘은 소포를 나도 받았다고, 고맙다고 단톡방에 인사를 남기고 싶다. 다 함께 누리는 뭔가에서 나 홀로 빠져있다는 사실은 피곤함을 넘어 우울함이다. 아무도 의도하지 않은, 나 홀로 느끼는 소외감 같은 것.

주유소로 들어간다. 일흔 넘은 안주인이 주유관을 들고 다가온다. 돈 벌려고 나오셨느냐 웃으면서 물었다. 일할 사람이 없어요. 사나흘 하다가 힘들다고 그만두네. 급여가 적은가요? 법적으로 줄 것 외에 따로 웃돈까지 찔러줘도 싫답니다. 듣기 딱하다. 신문보급소 사장 말과 같다. 문득 스치는 생각 한 점, 사람이 없다고? 그거였나, 배달 인력 부족으로 내 소포도?

늦은 밤 마당 앞에 차량이 멈춰서고 사람이 내린다. 커튼 틈으로 훔쳐본 택배차에 우체국 표시가 선명하다. 마침내 왔구나.

뛰쳐나가 소리친다. 기사님, 고마워요! 아저씨가 돌아보며 거수 경례를 보낸다. 차 타고 50분이면 충분할 곳을 어디서 헤매다가 지금에야. 그래, 왔으니 됐고 고맙다는 인사를 할 수 있어 신이 난다.

나의 초조와 불안보다 몇 배 더 힘들게 짜냈을 귀한 책, "은방울꽃, 너에게 주는", 그 안에 수록된 글도 제목처럼 곱지 않을까. 길었던 마음고생을 털어버린다. 책 속 마흔여섯 편의 글을 쓰고 정리하고 퇴고하느라 여러 날 고생하셨겠다. 일주일간 나를 기다리게 했던 우편물 한 통이 나를 줄곧 설레게 했다. 뭔가를 기다린다는 것 자체가 활력이다. 오늘은 왔을까, 틈날 때마다 학생회관에 들러 우편함을 하릴없이 들춰보던 풋내기 신입생, 아름다웠던 그 시절로 잠시 돌아갈 수 있었다.

사과나무 아래서

그의 말투가 심드렁했다. 남들은 부러워 죽겠다는 대기업 임원 자리를 일 년 더 보장받은 친구가, 임원이란 회장님의 한 마디에 목숨이 간당대는 임시직원일 뿐이라고 한탄한다. 험한 경쟁을 견뎌내고 살아남은 것만도 다행인 사람이 일 년 후를 걱정해? 그것도 현직을 떠난 지 오래인 내 앞에서? 아직 배가 부르구나 싶다. 사과나무 아래서 두 남자는 서로 다른 이유로 잠깐 생각에 잠겼다.

그 푸념이 잘 나간다는 유수 기업의 중역이자 대한민국 상위 1% 고액 연봉자의 배부른 타령만은 아니었다. 백세 시대 의학의 발전과 어설픈 고용행정을 그는 싸잡아 욕했다. 최소 십 년은 더 일할 사람을 대놓고 유령인간 취급하는 직원들의 태도에 화나고 머지않아 자기 없이도 조직은 굴러갈 거라는 자괴감에 서글퍼지며 대책 없이 수명만 늘려놓는 의학의 발전이 꼭 필요하냐 물었다. 회사가 자기 등을 밀어낼 마지막 순간까지 꿋꿋하게 버텨볼 뻔뻔함도 비굴함은 이미 바닥났다며 고개를 숙였다.

순전히 호기심이었다. 담치기용 쥐똥나무를 사러 가서 계획에도 없던 사과나무 한 그루까지 덜렁 싣고 왔다. 할아버지 생전 시골집 안팎엔 밤, 감, 대추나 호두 등 과일나무가 많았는데 유독 사과나무는 없었다. 그게 아쉬웠을까, 한 개 남은 묘목을 떨이로 싸게 주겠다는 화원 주인의 말에 솔깃했다. 평생 바라보기만 했던 나무, 이젠 내가 몸소 심고 거기에 과일이 열리는지를 직접 확인하고 싶은 욕구가 불끈 치솟았다.

열매까지는 모르겠고 예쁜 꽃 몇 송이쯤이야 설렁설렁 피리라는 기대와 설렘은 빈나절을 가시 못했다. 텃밭 한쪽에 땅을 깊게 파고 묘목만 푹 꽂으면 끝날 줄로 여겼던 식목 작업은 생각보다 고달팠다. 어설픈 나의 삽질을 보다 못해 답답했던 윗동네 농사 박사님이 끼어들어 마무리 해주고는 고수만 아는 비법이라며 초짜에게 넌지시 알려준다.

"야아는 약 안치고는 몬먹심니더. 꽃 필 때 쏙 뿌리소. 열매익을 때면 깨끗할 끼라예."

 열매까지야 바라지도 않고 꽃향기만이라도 맡을 수 있다면 최고지.

 따스한 바람이 꽃과 나무와 풀을 더듬고 찬란한 아침 햇살에 세상이 기지개를 켜던 사월, 초록 잎 뒤덮인 자줏빛 가지 위에 연분홍 살짝 섞인 꽃망울이 얼굴을 내밀었다. 손톱보다 작은 꽃이 새콤달콤 향기를 내뿜었다. 가까이 다가서면 떼 지어 찾아온 꿀벌의 날갯짓이 사이렌 소리처럼 시끄럽다. 꽃에서 꽃으로 꽃만한 덩치를 부지런히 움직였다. 얌전한 봄비 아래 나무 속 세계는 평화로웠다. 저런 풍경에 농약을!

 장마가 다가왔다. 비바람이 거셌다. 흰 꽃은 꼬랑지만 달랑 남겨놓고 어딘가로 사라졌다. 좁쌀 크기의 꽃눈이 대신 들어섰다. 농약 없이도 애들은 쑥쑥 커갈 거라는 기대가 아둔하다. 숨겨둔 보물을 남몰래 꺼내보듯이 새벽마다 사과나무 순례를 이어갔다. 그때껏 연초록 물때를 벗지 못한 작은 열매는 얼핏 괜찮아 보였으나 박사님의 훈수대로 때가 되면 무자비한 포식자들의 먹이로 전락할지도 모른다는 불안감을 떨치지 못했다.

 그랬다. 도토리보다 작은 아기 사과에 벌레가 덮쳤다. 돌돌 말린 사과나무 잎새에 허연 섬유질이 엉겨 붙었다. 젓가락과 핀셋까지 동원하여 벌레를 잡아내는 나를 우습게 봤던지 내가 잡은 숫자보다 훨씬 많은 벌레가 다음 날이면 또 나타나 여물지 않은 그들을 공격했다. 나무가 멍들어갔다. 벌레도 생명이니 먹고 살아야 한다던 어설픈 자비심은 그 열 배가 넘을 초조함과 복수심으로 변해가고 있었다. 7월 말, 사과는 전멸했다. 한 개도 성한 것 없이.

봄이 세 번이나 지나도 사과는 여전히 벌레들의 차지였다. 꽃이 피고 열매가 달려본들 그들이 자라날 잠깐의 순간을 허락지 않고 사정없이 먹어치웠다. 박사님의 살가운 꾸지람이 반복되었고 그럴수록 농약을 쓰지 않겠다 하는 나의 오기는 더욱더 굳어갔다. 농약도 비료도 없었을 시절에 인간은 어떻게 사과를 키웠을까. 내 것이라기보다는 원래 벌레들의 것, 그분들이 드시고 남은 몇 개가 내 몫이리 생각하면 덜 속상할 텐데….

오랜만에 유령인간이 찾아왔다. 벌레투성이 상한 사과부터 들여다본다. 약 좀 쳐주라는 또 그 소리, 그럴 생각이 없고 어떻게 하는 줄도 모른다고 대충 얼버무렸다.

"그래도 애들이 나보다 훨씬 나아. 항상 바라봐주는 '너'라도 있으니."

"회사에서는 여전히 유령인간이냐?"

유령인간 말고 투명인간으로 바꿔 달라고 정색한다. 그게 존재감이 있어 보인다고 덧붙이면서. 호칭을 바꿔 불렀더니 점심값이 굳었다. 혼자 가서 2인분을 시키면 식당 직원이 이상하게 생각할 거라며 오십 후반 두 애가 사과나무 아래서 낄낄거린다.

서너 해 지나 다시 봄, 사과꽃이 유난히 많이 피었다. '갉아 먹힐 거야.'라는 체념과 함께 몇 개쯤은 살아남을 거라는 기대를 버린 적 없다. 이른 더위가 시작된 5월 말 기적 같은 일이 벌어졌다. 오랜 가뭄을 핑계로 거들떠보지도 않았던 사과나무에 열매가 달린 것이다. 무엇보다 벌레가 없었고 크기도 앵두만 했다. 가지치기를 안 해서 잔가지 끝까지 다닥다닥 매달린 모양새가 애처롭기는 했으나 시간이 지나면서 웬만한 자두만큼 굵어졌다.

그러나 잠잠하던 벌레가 느지막이라도 쳐들어오면 나무는 다시 그들의 천국, 단맛은 덜 해도 벌레 먹기 전에 서둘러 따서 주위 분들에게 자랑 겸 인심이나 듬뿍 써야겠다. 농약 한 방울, 비료 한 줌 주지 않았는데 아낌없이 꽃과 열매를 내준 나무가 대견했다. 한편으로 아직은 설익은 그들을 바라본다는 호사가 마냥 즐겁지만은 않았다. 뭔가 잘못될 경우의 안타까움, 미안함,

걱정과 기대가 뒤섞였다. 주변 많은 사람이 지금까지 자라온 우리에게 그랬던 것처럼.

지나는 길에 들르시라 박사님한테 연락했다. 탐스러운 아기 사과를 못 본체 그냥 지나칠 참새는 절대로 아닌 분이 동구 밖 연자방앗간 아닌 우리 집 사과나무 아래서 거품을 문다.
"야, 고넘덜 참말로 잘 컸데이. 약 첬구만. 거 보소, 진즉 뿌리삐렸어야제."
뭔 소리? 박사라고 다 아는 건 아니네. 문득 회장님 눈치 살피기 바쁠 임시직원이 떠올랐다. 핸드폰 뚜껑을 펼쳐 몇 자 두드린다. 사과나무가 내 친구 투명인간한테 해줄 얘기가 있대요. 미리 축하할게. 밥값 아깝지 않을 얘기야. 언제 올래? 연락 줘. 빠바이~~~

원 플러스 원을 거부하다

나흘째 신문이 오지 않는다. 새벽에 마당에 떨어진 신문을 줍는 일이 내게는 읽고 말고의 문제가 아니다. 안 보이면 답답하고 섭섭하다. 변두리 자그만 도시로 옮겨온 이후 반나절이나 하루쯤 늦는 경우는 가끔 그러니 이렇게 며칠간 멈춘 적 없다. 돌아보면 신문(newspaper)이 신문(新聞) 아닌 구문(舊聞)이던 순간을 벌써 오래전에 겪었다. 일간지 연재만화에서 '풍운아(風雲兒)'리는 한자어를 처음 마주쳤던 그때, 아마도 열 살쯤이었을 것이다.

산마을 버스 종점 윗동네 삼십여 가구 중 신문을 보는 집은 서넛에 불과했고 어느 집에서 구독하는지를 모두 알았다. 조간신문이 머나먼 길 어딘가를 거쳐 정류장 맞은편 구매소에 내릴 때면 사방은 이미 어둑했다. 빨라봤자 늦은 밤이나 다음 날 배달

될 수밖에 없는데 그쯤이야 이미 관례가 되어 아무도 문제 삼지 않았다. 배달부도 딱히 없었다. 마을 올라가는 사람 편에 들려 보내든가 지나는 마을 주민 누구든 들어가 신문 있느냐 물으면 두말없이 내주곤 했다.

방학 땐 내가 나섰다. 신동우 선생님의 〈풍운아 홍길동〉 다음 얘기가 궁금해서 구매소로 제일 먼저 내려가 신문을 찾아 돌아오는 길에 느긋하게 읽었다. 한 장을 여럿이 읽으니 요즘 말로는 '원 플러스 매니'라 할 만하다. 패랭이 갓을 쓴 홍길동이 악당을 통쾌하게 무찌른다는 아이들 만화 외에 교과서에 없는 세상사가 거기엔 차고 넘쳤다. 허탕도 많이 쳤다. 대부분 하루 한두 편인 버스가 고장 났거나 거센 눈비로 길이 막혀 아예 오지 못한 경우였다.

오전리 이쁜이네 김장김치 3.5kg 가격과 미아에서 강남까지 택시비는 비슷하다. 친구 네댓 만나 낼 커피값이나 분당 단골집 흑돼지 오겹살 130g 1인분 값도 고만고만하다. 호프집에서 '맥주 세 병+마른안주'를 세트로 주문한다. 일주일 한 장씩, 한 달 동안 꾸준히 로또 판매점에 들러 번호 몇 개 잘만 뽑으면 수십억 부자 된다는 꿈을 접기 쉽지 않다. 신문 구독료는 매달 지로 용

지로 청구된다. 요즘 2만 원 안팎으로 가능한 소비 형태의 몇 가지 예다.

닷새 만에 신문이 오기 시작했다. 조간(朝刊)치고는 많이 늦은 오전 11시쯤 우체국 택배를 통해서다. 오천 원을 더 내라고 보급소에서 연락이 왔다. 배달 인력 부족으로 어쩔 수 없다는 설명이 자못 불쾌했으나 할 수 없이 동의했다. 종이신문을 좋아하는 성격에다 언제 어디서든 핸드폰에서 눈을 떼지 못하는 '스마트 터틀넥 사피엔스' 대열에 굳이 내가 낄 이유가 없었다. 가만 따져보니 구독료 5천 원만 슬그머니 인상된 셈이었다.

신문 배달은 들쭉날쭉했다. 오후에 도착하기도 했고, 하루 지너 당일과 전날 신문 두 장이 우편함에 나란히 들어있기도 했다. 그러나 이건 시작에 불과했다. 월요일 오전엔 신문이 세 개나 왔다. 토요일 자 두 장과 월요일 신문 한 장. 한 주일이 지나자 상황은 훨씬 복잡했다. 다시 월요일 오후였다. 전번 주 토요일과 당일 월요일 것 각 2장씩 총 네 개의 신문이 마당과 현관에 널브러져 있었다. 뭔 일이 벌어지고 있는지 알아내야 했다.

차량 이동이 거의 없는 새벽 4시경, 오토바이 한 대가 집 앞 도로에 멈춘다. 남자가 신문 한 부를 던져놓고 돌아선다. 오후 점심때 집에 도착하니 우체국 택배차가 마당 입구에 멈춰 있고 배달부 손에는 신문이 들려 있다. 갸우뚱하며 상황을 꿰맞춰 본다. 인력이 부족하여 새벽 배달을 할 수 없었고, 보급소 측에서는 우체국과 배달 계약을 맺었다. 여분의 배달원을 만일의 경우 대비하여 구했다고 치면 신문이 두세 장씩 오는 경우의 수가 충분히 가능하다고 미뤄 짐작한다.

그런데도 의문은 남는다. 배달원이나 우체국 중 한 곳과 계약을 해지하면 신문을 두 장씩 보낼 필요 없고, 배달비 인상분으로 구독자에게 부담시킨 비용도 빼줄 수 있지 않겠나. 오천 원 추가 부담을 받아들인 이유가 똑같은 신문을 두 장씩 받고 싶어서는 절대 아니다. 집안에 신문 더미가 빠른 속도로 쌓이는 것도 마뜩잖다. 이곳저곳 확인했다. 보급소에서 우체국이나 배달원과의 계약 취소가 쉽지 않고 자칫 소송에 걸릴 위험도 많다는 의견이 지배적이었다.

따지지 않기로 했다. 내가 나서 처리할 사안이 아니었다. 이만 원 내고 한 부 받다가 오천 원 더 내고 두 개를 받으니 이익이라 여기면 편한가. 가끔 원 플러스 쓰리니까 좋고? 그래도 생각할수록 괘씸하다. 다른 편에선 손해날 것 없으나 오천 원을 더 낸 내가 기껏 받는 혜택이 아무짝에도 쓸모없는 종이 몇 장뿐이

라니. 돌아가시기 전 아버지는 신문지를 손바닥 크기로 잘라 변기 옆에 가지런히 쌓아두고 밑씻개로 쓰게는 하셨다만.

다섯 달이 지났다. 주중 새벽 오토바이를 타고 온 보급소 아저씨가 첫 신문을 던져놓는다. 늦어도 오후 2~3시쯤 우체부가 또 하나를 우편함에 모셔놓고 간다. 월요일엔 최소 세 부에서 심하면 다섯 부, 왜 그런지 설명하기가 대단히 복잡하다. 보급소, 배달원, 우체국 그리고 나, 모두에게 공정해야 할 법이 나한테만 불리하다는 불평도 덮었다. 다만 오천 원 추가로 얻은 '원 플러스 원'은 이제 단호히 사양하련다. 2만 원에 신문 한 부만 달라는 요구가 왜 그렇게 힘든지 알 수 없다. 구독료만 이만 오천 원으로 굳어지면 어쩌나, 걱정거리가 늘었다.

흰 눈밭에 주홍 꽃이

　수화기 저편에선 이틀 내내 대답이 없다. 소리를 죽여놨나 아니면 듣지를 못하나. 전화기는 뭐하러 들고 다니느냐고 만나서 물어볼까. 출발하기 전날 밤늦게서야 전화를 받은 이 할머니는 일 년 만의 의례적인 인사 한마디 전한 틈도 주지 않고 당신 하고 싶은 얘기만 속사포처럼 쏟아낸다.
　"우짜 지냈능교? 은제 올라꼬? 오널?…. 아, 내일! 단디 하시오. 야들, 참말로 실하데이."
　내가 누군지나 알고서 말하는 걸까. 단디?
　하동까지 250여 킬로미터 거리 세 시간 반 남짓, 계곡을 끼고 선 아담한 장터 앞에 차를 세운다. 뒷골부터 장딴지까지 온몸이 노곤하다. 밖으로 나와 어깨 위로 두 팔을 쭉 펴는데 눈 앞에 펼쳐지는 풍경이 어찔하게 황홀하다. 뱀사골 계곡 언저리 길섶, 올망졸망 늘어선 노점상마다 폭포처럼 쏟아내는 주황의 물결, 그 뒤로 출렁이는 주름투성이 할머니의 얼굴도 붉게 익었다.

10여 년 전 목적지를 정하지 않고 무작정 떠난 여행에서 이 할머니를 처음 만났다. 벚나무 단풍이 눈부시게 화려한 늦가을, 놀며 쉬며 달리며 가다가 닿은 곳이 지리산 남쪽 섬진강 하구였다. 내려오는 동안 끊임없이 보이던 도로변 농가의 자잘한 감과 얼기설기 걸려있던 곶감은 거기서 눈에 띄게 줄었다. 내 주먹보다 큰 대봉감이 도회지 마트의 도매가보다 훨씬 쌌다. 할머니가 생각을 바꿔 값을 올려 부를까 조바심을 내면서 세 상자를 후딱 차에 실었다.

감 익히는 법만 대충 듣고는 부리나케 장터를 떴다. 하루나 이틀 정도 기계로 숙성시키라. 냉장고에서 익히는 것이 편리하지만 장독에 지푸라기를 넣어 숙성하느니만 못하다. 그도 아니면 바람 잘 통하는 장소에 띄엄띄엄 늘어놓고 천천히 익혀라 등등. 기계도 장독도 나와는 거리가 먼 상황이라 택했던 마지막 방법이 행운이었다. 인위적인 요소가 가미된 숙성 방법으로 얻기 힘들 할아버지 시절의 느긋함과 50여 년 전 냉장고나 건조기 따위

라곤 없던 시절의 진득한 풍미를 고스란히 맛보게 되었으니.

그날 이후 십 년 넘도록 무서리 내리는 늦가을부터 이듬해 정월까지 동트기 전 새벽부터 부산했다. 잠깐의 번거로움을 견뎌 맛보게 된 혀와 뇌의 즐거움은 공장의 정제 가공식품과 자연 숙성된 식자재와의 차이를 알고 난 다음 생겨난 일종의 중독이었다. 좋은 음식을 골라 먹어 천년만년 살아보겠다고 주접떠는 것과는 차원이 다르다. 광적으로 자연식을 챙겨 먹는 깔끔이와도 거리가 멀다. 옛날 방식으로 연시 만드는 법을 알려준 할머니 덕인지 혹은 탓이라 할지.

매년 내려오는 내 속을 빤히 꿰차고 있는 그녀와의 가격 협상에서 밀리지 않겠다는 생각을 접은 지 오래다. 오늘은! 숨 한 번 길게 쉬고 흥정을 시작한다. 어쨌거나 팔아야 하는 노련한 할머니와 많이 살 테니 값을 깎겠다는 과똑똑이 간의 줄다리기는 역시 싱겁게 끝난다. 수십 년 사람 대하는 일에 이력이 붙은 그녀를 이길 재간이 없다. 그렇다고 내가 손해를 보는 것은 아니다. 그 이상은 내지 않겠다고 맘먹은 금액보다 대충 20% 정도 높은 가격으로 결정된다. 그래도 시장 가격 대비 거의 절반에 불과하다. 게다가 할머니는 머나먼 길 마다하지 않고 내려온 손님 관리용 보너스를 그쯤에서 꺼내놓는다.

밤, 석류, 모과 등 과일류와 나물을 포함한 여러 농작물을 주섬주섬 풀어놓는다. 하나하나 서비스라고 강조하면서. 때깔 좋은 연시 열댓 개까지 꺼내놓고는 먹어보라고 눈짓한다. 부드럽다. 달다. 구매 협상의 대상으로 할머니를 대하던 나의 냉정함은 그때부터 대책 없이 무뎌진다. 무덤덤한 표정과 툭툭 던지는 할머니의 말 몇 마디에 그때껏 다진 결기가 하염없이 녹아내린다. 장가가는 새신랑처럼 실실 웃으면서.

선선한 끝방에 종이를 깔고 큼직한 대봉감을 띄엄띄엄 늘어놓는다. 어떤 감은 하루 만에 달콤하게 익지만 느려터진 놈은 한 달이 지나도 마냥 떫다. 검은 반점이 늘어나면서 주황에서 주홍으로 색깔도 진하게 변해간다. 껍질을 살짝 눌러보면 젖살 오른 아기 볼처럼 말랑말랑하다. 틈날 때마다 위치를 바꾸고 방향을 돌려주다 탱탱했던 표면이 돌아가신 외할머니 얼굴처럼 쭈글쭈글 변하는 사이 부드러운 속살은 단맛을 차곡차곡 쟁인다.

아침밥은 곡물류 하나, 견과류, 달걀, 채소와 과일 등 음식 찌꺼기가 적게 나오는 형태로 준비한다. 가을 대봉감이 등장하고부터 네댓 평 남짓한 주방 분위기가 달라졌다. 아침 식사 준비 과정이 사뭇 진지해졌다고나 할까. 사계절 따라 메뉴가 조금씩 달라질지언정 변함없이 먹는 음식이 시큼해도 영양소 풍부한 요구르트다. 그 위에 올려 입맛을 돋울 목적의 부재료가 주재료의 매력을 넘어선다는 점은 전혀 예상치 못한 반전이었다.

  알맞게 익은 연시를 골라 껍데기를 벗겨낸다. 반투명 얇은 막과 알맹이를 분리하는 일은 보기보다 까다롭다. 과육이 손가락과 식탁에 엉겨 붙어 지저분하다. 그런들 어떠하리, 색깔이 고와 용서되고 먹기도 전에 눈이 먼저 즐겁다. 이 세상에 하나뿐인, 꼭두새벽부터 호들갑 떨며 준비한 나의 성찬을 즐길 시간이다. 뽀얀 요구르트를 투명 유리잔에 담아놓고 발라낸 속살을 그 위에 올린다. 겨우내 아침이 환하다. 흰 눈밭에 주홍 꽃이 핀다.

하늘처럼

깊게
높게
넓게
맑게
가끔은 시리게

사람 사는 세상도
세상의 사랑도
하늘처럼 그렇게

6.
에필로그

게으르길 잘했다

헛웃음을 켰다. '5평'짜리 주말농장 분양 광고, 거기다 뭘 얼마나 심어. 적어도 백여 평은 돼야 일하는 맛이 나지 않겠느냐고 시건방지게 거들먹거리며 한동안 놀리던 뒤땅에 보란 듯이 삽질을 시작했다. 당장 밭두렁을 만드는 일부터가 만만찮은 육체노동이었다. 두들겨 맞은 듯 온몸이 쑤셔서 밤새 끙끙 앓았다. 시장이나 마트 진열대의 채소류가 사람의 노동을 듬뿍 담은 인고의 결과물임을 실체가 아닌 관념으로만 떠들었다는 사실도 새삼 깨달았다.

발목이 근질댔다. 목과 손등도 따끔댔다. 며칠 후부터 잡초를 뽑으면서 등으로 허벅지로 두드러기가 번져갔다. 그 잘난 텃밭에 채소 몇 종류 심어놓고는 세상 농사 혼자서 다 한 양 주접이란 주접을 다 떨었다. 두 해 넘게 귀한 땅을 팽개처둔 게으름의 대가를 톡톡히 받은 것이다. 햇수로 삼 년, 땅속 벌레와 미생물이 자기 영역을 침범한 이방인 주인을 가만둘 리 없지. 그럴 만하다. 점유권(占有權)을 앞세운 그들 앞에서 나는 한낱 무례한 객(客)이었을 테니.

 뜰은 살아있다. 계절과 날씨 변화, 오전 오후 그리고 낮과 밤에 따라 수시로 모습을 달리한다. 한 번 혼쭐나고부터 텃밭이 징글맞았다. 돼기밭으로의 발길을 완전히 멈춘 후 꽃 피고 장마 지고 단풍 들고 눈 내리기를 세트로 두 번, 자기 집 뜰 앞이 지저분해서 싫었을까, 뒷집 아저씨가 뭐라도 심어보라고 권한다. 포클레인을 동원하여 땅을 골라주겠다면서. '불감청(不敢請)이언정 고소원(固所願)'은 이런 경우에 쓰는 말이다.

 절대농지를 놀리면 세제상의 불이익을 받는다던 말도 얼핏 들은 것 같다. 내친김에 무농약 유기농 채소를 가꿔보리라 각오를 다졌다. 가지런히 다듬어진 이랑에 채소만 몇 종류 심으려다 거름만 주면 알아서 큰다는 땅콩과 옥수수를 목록에 끼워 넣었다. 희망에 들뜬 귀동냥 왕초보 농부는 제사보다 제삿밥에만 관심이 많았으며 몇 년 전 무섭던 벌레들의 무차별 공격 따위는 까마득히 잊고 있었다.

얇은 목장갑 위에 고무장갑을 덮어씌우고 목을 감싸는 겨울용 등산 셔츠를 입었다. 두꺼운 양말 속으로 바짓단을 꾸겨 넣어 벌레가 옷 속으로 침투할 여지를 없애버렸다. 브랜드 이름이 요란한 챙 넓은 모자를 쓰고 얇은 수건으로 목과 얼굴도 감쌌다. 햇빛 방지용이라기엔 한참 고급스러운 레저용품으로 무장하고 뜰의 주인과 한판 전투라도 벌일 각오를 다졌다. 인간이 과거의 경험으로부터 배우지 못해 자신을 망친다는 말이 틀렸음을 증명이라도 하겠다는 듯이.

모종 심기 작업은 순조로웠다. 깔끔히 정리된 땅바닥 때문인지 쉬웠으며 제대로 무장한 작업복 덕에 벌레가 물어뜯지 않아 편안했다. 비와 햇살 받아 잘 자란 수확물을 따먹을 일만 남았다고 신이 났다. 그런데 며칠 만에 쑥 자란 풀들이 열흘쯤 후엔 모종보다 커졌고 뽑아도 뽑아도 잡초 부대 숫자는 줄지 않았다. 오래전 엄마의 능청이 사실이었나. "독한 것들. 뽑아내고 돌아보면 그새 한 뼘이나 자랐네! 쟤들 크는 소리, 시끄러워." 그땐 그냥 웃었는데….

정형외과를 찾았다. 뼈도 살도 안 아픈 데 없이 앉아있기도 서 있기도 힘들었다. 나이 지긋한 의사 선생님이 엑스레이 화면에서 눈을 떼며 도리질한다.

"설거지? 멈추셔야지. 최소 열흘쯤. 쪼그려 앉아 풀 뽑는 일 아무나 하는 거 아니에요."

그해 늦여름부터 방울토마토 아닌 방울 크기 토마토, 손가락보다 조금 더 큰 오이와 대여섯 종류의 여린 쌈, 덜 여물어 말랑한 옥수수를 맛봤다. 땅콩은 깜깜한 흙 속에서 거름이나 되었을지.

다시 휴지기로 들어섰다. 팔자에 없는 농사인가 나에게 텃밭은 관상용이라야 어울린다. 벌레가 물어뜯고, 허리와 팔다리가 아파서, 바깥 일이 바빠, 자세히 들여다볼 시간이 없어서 등 온갖 이유가 때마다 터져 나왔다. 그래도 봄이 되면 내가 심은 적 없는, 어디서 왔는지, 이름을 알 수 없는, 가끔은 생심새조차 처음인 풀과 꽃이 뜰 안을 가득 메웠다. 내가 직접 뜰을 기꿨다면 만날 수 없었을 풍경이었으리라. 계절 따라 바뀌는 모습, 새벽과 저녁의 깊은 차이가 어느 순간부터 하나둘 눈에 들어왔다. 게으르길 참 잘했지.

나무와 풀들이 무성한 집 앞, 브레이크를 지그시 눌러 밟아 속도를 줄인다. 마당과 밭의 경계선에 두릅나무가 촘촘히 담을

쌓았다. 잎새에 가려 밭이 거의 보이지 않는 틈새로 설핏 움직이는 그건 분명히 사람이었다. 누구일까보다 주워 먹을 게 뭐라고 거기까지 들어갔는지가 더 궁금하다. 달라붙는 벌레, 가시 돋친 잡초, 지렁이, 개구리와 가끔 초록뱀까지 뜨는 미니 정글인 줄 몰랐다 쳐도 괘씸하다. 멀건 대낮부터, 어쨌거나 남의 집 뜰인데 왜 휘젓고 다녀?

"윗마을 살아요. 풀이 무성하잖아. 사람 안 사는 집인 줄 알았네. 얼핏 봐도 약 치지 않은 쑥이 널렸길래 떡 쪄먹을 만큼만 캐가려고. 쑥개떡 맛있거든요."

어라? 마당을 한참 지나야 밭이다. 땅바닥에 깔린 쑥을 봤을 리 만무하고, 거짓말! 그런데 어쩌겠어, 넘어가야지. 그나저나 빈집인 줄 알았다니 내가 게으르긴 게을렀던 모양이네. 참 두릅이 쑥쑥 오르던 4월 봄날, 한참 더 커도 모자랄 손톱 크기의 새순을 누군가가 단 한 개도 남기지 않고 죄 따갔다. 혹시? 워워, 그만~. 속상해도 내 게으름 덕에 즐거웠던 사람이 있을 거 아냐. 인심 한 번 오지게 썼다고 쳐요. 그럼 됐지. 게으르길 정말 잘했다니까.

게으름의 미학—이후승의 수필 세계

이후승 수필집에 붙여

한혜경

수필가 · 평론가 · 명지전문대 교수

게으름의 미학— 이후승의 수필 세계

한혜경

수필가 · 평론가 · 명지전문대 교수

프롤로그— 이상한 작가의 탄생

"게으르길 잘했다"

이후승 수필집의 제목이면서 에필로그의 제목이다.

우리 사회에서 지양하는 항목 중 하나가 게으름이다. 「개미와 베짱이」 우화에서 잘 나타나듯, 우리는 게으르면 나쁜 결과를 얻는다는 교훈을 배우며 자랐다.

그런데 "게으르길 잘했다"라니, "그저 까닭 없이 편둥편둥 게으르고만 있으면" 좋다던[1] 이상의 후예일까, 작가가 궁금해진다.

그의 글은 상반된 독서 경험을 선사한다. 장난꾸러기 소년 같

---

[1] 이상의 「날개」의 주인공 '나'가 생각하는 것이다.

은 표현에 웃음이 나오다가도 숙연해지게 되므로, 가끔은 위악적 언사로, 가끔은 반어로, 농담처럼 던지는 이야기의 한 겹을 들추면, 그 아래, 작가의 진지하면서 말간 얼굴이 드러난다. 정체가 발각되는 순간 굉장히 머쓱해 어쩔 줄 모르고 쑥스러워할 게 분명한.

이 흥미로운 작가는 어디에서 왔는가? 어떻게 살아가는가? 어떤 글을 쓰는가?

1. '그때 거기'[2] — "나를 보낸 적 없는"

'그때 거기'는 유년의 고향을 가리킨다. 좀 더 구체적으로는 4학년 때 서울로 이사 가기 전, '청양 외진 산골짝'(「비밀」), 금괭 광산이 있는 '꾀죄죄한 광산촌'[3]이다.

---

[2] 이후승의 수필집은 '뿌리', '그때 거기', '벌거벗은 초상', '오가는 길에', '아날로그형 인간이 살아가는 방식' '에필로그' 모두 여섯 개의 소제목으로 나뉘어 있다. 「뿌리」는 부모를 비롯해 할아버지 고모 등 가족과 고향에 대해, 「그때 거기」는 어린 시절의 삽화들, 「벌거벗은 초상」은 자신에 대한 엄정한 분석, 「오가는 길에」는 이런저런 삶에 대한 단상, 「아날로그형 인간이 살아가는 방식」은 현 사회에 대한 작가의 입장을 보여준다.

[3] 「구봉산 종점」에서 '꾀죄죄한 광산촌'의 풍경이 세밀하게 묘사된다. 군청소재지까지 오가는 버스가 하루에 두 편 있는 '촌구석'으로 낮은 산자락이 회색빛 광산 뒤에 서 있고 정문을 지나 오른쪽 공터 한쪽에서 쇠갈고리로 묶인 짐칸 서너 량이 폭 좁은 철로를 달려 광부들을 굴 앞까지 실어 날랐다. 잊을만하면 갱도 매몰 사고가 들려오고 '뿌연 횟가루 뒤섞인 탁한 공기' 속에서 살아가는

흔히 유년을 무구한 시절로 회상하지만 이후승의 '그때 거기'는 그렇지 않다. 계절마다 달라지는 자연을 만끽하며 천진하게 뛰어놀았던 기억4) 한편으로, '하굣길에 배고파 따먹던 아카시아와 산딸기 까마중' '점심시간 내내 뜨거운 햇빛 아래서 찌그러진 공이나 죽도록 쫓아다니다 찬물 한 바가지 들이키고 책상 앞에서 병든 병아리처럼 꾸벅대는 것' '회색빛 광산 자락, 얼굴 가득 버짐 핀 코흘리개들'이 있는 풍경이 공존한다.

어릴 때 작가는 '엄마의 지청구'에도 아랑곳없이 썰매를 사달라고 '징징대던 꼬마'였지만(「구봉산 종점」), 꽁꽁 언 논바닥에서 얼음을 지치다가 "새 신발이 빨리 닳는다고 미끄럼은 타지 말라던" 아버지의 당부를 떠올리는 소년이기도 하다.(「학교 가는 길」) 철없는 개구쟁이의 외피 속을 들여다보면, 곤궁함의 압박이(「갈증」) 무엇인지 체득한 애어른이 웅크리고 있는 것을 발견할 수 있다.

대부분의 동네 어른들이 "할 수만 있다면, 인세라도, 도회지, 그것도 서울이라는 희망의 나라로 떠날 궁리를 허구한 날 신념

그들에게 고향은 '더 갈 데 없는 세상의 끝'이었다.
4) 「학교 가는 길」에 계절에 따라 천진하게 뛰어노는 모습이 생생하게 그려진다. 봄에는 논두렁을 내달리는 아이들, 매화와 갯버들, 개나리와 진달래, 개구리, 초록 물뱀이 어우러지고, 여름에는 개울에서 노는 모습, 아카시아, 밀밭과 소나기, 가을엔 코스모스와 밤나무, 메뚜기, 겨울엔 부엌문을 막아버릴 정도로 내린 눈, 논바닥에서 얼음지치기 등, 자연과 함께 하는 생활이 그려진다.

처럼 달고 살았"듯이, 소년 역시 서울을 꿈꾼다. '고운 피부 깍쟁이들' '길거리 전차'와 '꼭지만 비틀어주면 물이 펑펑 쏟아진다는 수도'가 있다는 서울은 "부럽고 신기"한 곳으로, '더 갈 데 없는 세상의 끝'과는 대척점에 놓인, 꿈의 공간으로 다가온다.

그리하여 광산이 문을 닫게 되어 서울로 떠날 때, 소년은 꾀죄죄한 광산촌은 이제 '아무 상관이 없는 동네'라고 여긴다. "서울만 가면 모든 게 달라진다고 믿었"으므로, 고향에서의 모든 일을 "송두리째 팽개치고" 떠난다. 어렵게 얻어내 보물처럼 소중했던 썰매가 없어졌지만, '촌 동네 장난감'이므로 없어도 상관없다. 이제 서울에 가면 스케이트를 탈 것이므로, '촌티'를 벗고 '서울내기'가 될 것이므로.5)

이 기억은 오랜 시간이 흘렀어도 사라지지 않고 작가의 내면에 단단하게 각인되어 있다. 때로는 죄책감으로 때로는 비겁함에 대한 자책의 형태로 찾아오므로, 작가는 마치 부끄러움이 사방을 둘러친 감옥에 갇혀 있는 것처럼 보인다.

---

5) 그러나 시간이 지나며 서울의 이미지가 허상이었음을 깨닫는다. 서울에 산다고 '서울내기'가 되는 것은 아니며 '촌티'를 쉽게 벗을 수 없다는 사실을 인지하게 되는 것이다. "촌티를 지우려고 안달"했지만, 지워지지 않으며, 그것이 자신의 뿌리이며 근원임을 자각한다. 아울러 촌티는 풍요로운 자연 속의 삶, 가족과 이웃 간의 정을 아우르는 것이기도 함을 뒤늦게 깨닫는다.

그날 이후 오랫동안 나에게 구봉산 종점은 세상의 끝으로만 남아있었으나 사십 년 넘는 긴 세월은 나를 끊임없이 일깨웠다. 완벽하게 행복한 삶도 유별나게 불행한 인생도 없다고. 죽을 때 가져갈 것은 어린 시절부터 몸에 익은 꿈과 사랑뿐이라고. 광산촌 주변 모든 것을 송두리째 팽개치고 떠나왔다는 죄책감이나 유년의 시린 기억을 돌아보기도 싫다는 비겁함 때문이었을까. 깊이 묻어둔 그리움을 애써 외면하며 종점 찾아가기를 한사코 망설였는데…

…「구봉산 종점」에서

고향을 마주한다는 것은 이러한 죄책감과 비겁함을 직시하는 일이다. 40년 넘는 긴 세월이 지나 비로소 고향을, 비겁한 자신을 대면한다. 그 순간, 자신은 떠나왔지만 고향은 "나를 보낸 적 없"었음을 깨닫게 되고, 감옥처럼 갇혀 있던 죄책감에서 풀려난다. 이때, 어린 시절 자신을 기다리는 아버지의 영상이 겹쳐지는데, 고향이 곧 아버지라는 사실이 애틋하면서도 아름답게 드러나는 장면이다.

아버지의 직업이 "내 눈에 차지 않는다는 이유를 들어 부끄럽게 여겼"던 일은6) 꾀죄죄한 광산촌을 부인하려 한 심리와 동궤

---

6) 아버지는 많은 부분에서 작가에게 영향을 미친다. 말수 적고 말주변이 없는 점을 닮았고, 곤궁함 속에서도 충실히 살아온 점은(고향에서 광부였다가 서울에 와서 야간경비로 일했는데, '자신 앞에 닥친 현실을 묵묵하게 받아들여 충실

에 놓인다. 그러함에도 아버지는 고향이 그러했듯이 변함없이 자식을 기다리고 사랑으로 품는다. 늦었지만 그 사실을 확인하면서, "나를 보낸 적 없"으며 한결같이 그 자리에서 기다리고 있었던 극진한 사랑을, '나와는 아무 상관이 없는 동네'가 아니라 자신을 키우고 가르치고 품었던 근원임을 깨우친다.

그러므로 이후승의 글은 '그때 거기', 뿌리에 대한 뒤늦은 확인이자 애정 고백이라 할 수 있다.

2. '지금 여기'—'아날로그형 인간'의 '별 따기'

작가의 '지금 여기'에 대한 성찰은 거울 앞에서 이루어진다. 젊음의 뒤안길에서 돌아와 거울 앞에 섰을 때 비로소 보이는 것들이 있듯이[7], 이후승은 매일 아침 거울 앞에서 면도를 하며 자신

히 살아온 분'이며, '며가지가 부러져도 남한테 아쉬운 소리 따위 절대 하지 않을 분') 자랑스럽게 여긴다. 그러나 아버지의 일을 감추고 싶었던 마음과 아버지 임종을 지키지 못한 게 회한으로 남는다.(「비밀」)
이에 비해 어머니는 종부 자리를 '벼슬로 여기며 살아온 분으로, '괄괄한 성정과 거침없는 언사'(「미안해요」) '독설과 고집'(「꽃들의 아우성」)으로 주변 사람을 힘들게 한다. 생전에는 "불같은" 말에 가슴이 탔지만, '섭섭함과 외로움으로 도배된 허전함을 추슬러보려는 엄마 나름의 방법'이었음을 헤아리게 된다.(「종부와 종손」)
7) '거울'은 많은 작품에서 성찰의 메타포로 활용된다. 서정주는 [국화 옆에서]에서 "머언 먼 젊음의 뒤안길에서/이제는 돌아와 거울 앞에 선/내 누님같이 생긴 꽃이여"라고 읊었고, 윤동주는 「참회록」에서 "밤이면 밤마다 나의 거울을/손

을 돌아본다. 그리고 아버지의 면도 장면을 떠올리며 자신의 부족함을 자각하므로 아버지는 또 다른 의미의, 아니 가장 중요한 거울이라 할 수 있다.(「거울 앞에서」)

아버지는 면도하기 전 숫돌에 면도날을 가는 일부터 시작했는데, 칼날을 가는 아버지의 표정은 "진지하다 못해 엄숙해서 감히 말 붙일 엄두조차 낼 수 없었다." 또 쓸모없다고 곧바로 버리지 않는다. 무뎌진 칼날을 새것으로 갈아 끼울 수 있는 면도기가 등장하면서 숫돌이 쓸모없어졌는데도, "당장 필요 없다고 내버리면 쓰나…"라며 버리지 않았던 것이다.

이 모습은 "눈으로 확인한 다음에야 상황의 심각성을 깨닫는" '어리숙함'을 일깨운다. 또 "섣부른 자존심을 앞세워 일을 그르치기 다반사였고 나와 다른 타인의 관점을 틀렸다 비난하기 일쑤"이고, "배려 부족하고 무심하"고 "공감 능력 부족하다고 핀잔을 듣는" 자신을 돌아보게 한다. '그간 시껄였던 헛소리'를 면도기로 밀어내 버리고 싶을 정도로 부끄러움이 크다.

아울러 고향에서의 경험[8]도 작가의 '지금 여기'에 계속 간섭한다. 할아버지가 몰래 건네던 감에 대한 추억으로 매해 감을 사서

바닥으로 발바닥으로 닦아 보자"며 욕된 삶을 성찰하고 있다.
[8] '그때 거기'의 시공간은 삶을 바라보는 태도, 삶의 방식을 배태시켰으므로 '지금 여기'의 '나'를 만든 근원이라 할 수 있다.

숙성시키고(「여기나 거기나」), 어린 시절 어느 집에나 처마 밑에 내 걸렸던 무시래기가 생각나서 무청을 사서 걸어두는 것(「시래기 임자」) 같이 행동으로 나타나기도 하며, 고모가 차려주던 쌀밥(「재실 고모」), 침쟁이 할아버지(「학교 가는 길」), 교사와 학생 사이에 오가던 "악의 없이 던지고 모른 척 받아주던" '그 시절 따뜻함'을 그리워하기도 한다.(「박카스 선생님」)

그러므로 보다 빠르고 쉽게, 속도와 편리함, '실질적 이익'을 최우선으로 하는 '요즘 세상'이 "슬쩍 불편하다".(「요즘 세상, 별 따기」) 이러한 태도는 '아날로그형 인간이 살아가는 방식'으로서, 불편함을 감수하고 구독료를 더 내더라도 종이신문을 보고(「원 플러스 원을 거부하다」), 'EASY CUT'(「공짜 있다」), 무료 쿠폰(「요즘 세상, 별 따기」), '원 플러스 원' 등, 언뜻 편리하고 이득이 되는 듯한 상품에 "선뜻 손을 내밀지 않"으며 그 이면의 것을 따져보는 모습으로 구체화된다. 그리하여 '거저'란 '원가에 이미 반영된 편리함'일 뿐임을 통찰할 수 있음을 보여 준다.

이러한 성향을 한 단어로 응축한다면 '낭만'이란 말로 수렴할 수 있으리라. 이는 실질적 이익이나 이해타산, 유용성과 거리가 멀고 대신 꿈을 중시한다. '아련한 첫사랑'을 기억하고,(「그들도 추억할 수 있을까」) '달콤한 사랑의 여운'을 선호하며,(「갈증」) 실속없지만 정이 오가는 관계에 마음이 간다.9) "시몬, 너는 좋으냐. 낙엽 밟는 소리가"라고 중얼거리면 "너, 가을 타는구나."하고 받아주는 감성이 건재하기를 바란다.(「그들도 추억할 수 있을까」)

　낭만은 궁극적으로 '꿈꾸기'에 가 닿는다. 도달하기 어려운 꿈을 '별 따기'에 비유하고 있는데, 불가능하므로 더욱 간절해지는 역설처럼, 합리적 사고로 재단할 수 없는 세계를 의미한다. 곧 불가능함에도 무모하게 도전하고, 그 무모함을 '낭만적인 수작(酬酌)'으로 받는 세계가 존재하는 것이다. 이때, 별은 '과학자들의 탐구 대상'이 아니라 '꿈을 심어주는 신비한 존재'로 간주된다.

　실속 없는 낭만을 버리고 현실적으로 살아보려고 하지만, 가슴 한구석에 꿈이 존재하는 한 쉽지 않다. 쓸모없어도 버리지 않고 간직하는 정 깊은 마음과 불가능해 보여도 꿈을 이루려 하는 무모함에 끌리는 사람은 밤하늘을 바라보며 시 한 구절을 흥얼거리며 살아갈 수밖에 없다.10)

---

9) 감을 파는 할머니와 가격을 흥정하는 장면과 시래기를 걸어두는 장면에서 이해타산보다 정을 중시하는 모습을 볼 수 있다. 감 값을 깎으려는 의도라기보다 할머니와의 티격태격 대화를 정겨워하는 것이며, 시래기를 고르다가 뜯어먹는 것을 흐뭇해한다. 「여기나 거기나」, 「흰 눈밭에 주홍꽃이」「시래기 임자」
10) 별을 따는 것이 불가능함에도 별에 대한 꿈을 잠재울 수는 없다. "따기'가 실속 없는 낭만임을 깨닫고서 현실적인 '줍기'로 갈아탔다."고 말하지만, 여전히 밤하늘의 별을 바라보는 서정과 낭만을 버리지 못한다. 「요즘 세상, 별 따기」

3. 성찰의 형식과 무해한 익살[11]

　이후승은 자신을 비롯해 주변의 모든 것을 끊임없이 돌아본다. 특히 자신에게 엄정해서, 적당히 넘어갈 수도 있는 부분까지 끄집어내서 심판대 위에 올려놓는다. 내면 저 깊숙한 곳에 감춰둔 죄책감, '꼬깃꼬깃 접어둔 부끄러움' 뿐 아니라 '순간의 양심 불량'도 예외가 없다. 부끄러워 "눈을 질끈 감"기도 하지만, 끝내 꺼내 올려 직시한다. 그리고 깨달음을 얻는다.
　그 결과 그의 글은 선경후정(先景後情)의 형식[12]을 갖추게 된다. 작가가 겪은 상황을 생생하게 묘사한 뒤 마지막에 깨달음을 덧붙이는 형식으로, 그의 글 대부분에서 찾아볼 수 있다.
　데카르트와 팝송 가사를 예로 들어 고정관념을 살펴본 뒤 "내 멋대로 해석하면서 살아온 것은 아닌지" 성찰한다거나(「갇히나」), 식당 아주머니가 파를 빼달라는 말을 밥으로 잘못 들은 이야기 끝에 "이 사회 저변을 떠받치는 가치가 실체와는 달리 곡해되고 와전되었을 경우를" 사유한다."(「파 빼기, 둘」) 이로써 그의 글은 발

---

11) 프로이트는 '무해한 위트'와 '경향적 위트'를 구분하면서 전자는 아무 악의 없이 웃음이나 미소를 자아내는 경우인데 비해, 후자는 멸시와 악의가 섞인 조롱의 웃음이라고 했다.
12) 선경후정은 한시의 전형적인 창작기법이다. 자연이나 사물을 묘사하고 그로부터 얻은 시인의 감정이나 생각을 서술한다.

견과 깨달음의 글쓰기가 되는 것이다.

표현의 측면에서 살펴본다면, 익살스러운 표현을 눈여겨볼 필요가 있다. 우선 자신에 대해 비하에 가까울 정도로 우스꽝스럽게 표현하는 것이 눈에 띤다. 가령, '좁은 소가지'(「훔쳐온 정원」) '주접', "시건방지게 거들먹거리며"(「게으길 잘했다」), '헛소리'(「거울 앞에서」), '꼴값'(「겨울나기」) '꼬락서니'(「꼬락서니하고는」) '시답잖은'(「시래기 임자」) "멋대가리 없다"(「갈증」) 등, 자신의 부족함을 엄정하나 익살스럽게 표현하고 있다. 그리고 오십 후반의 나이임에도 '애'라고 언급하는 것에서(「사과나무 아래서」) 나이와 무관하게 미성숙하다고 여기는 심리를 감지할 수 있다.

이렇게 볼 때, 이들 표현은 조소함으로써 격하시키는 의도가 아니라, 반성하고 성찰하기 위한 전 단계로 기능한다고 하겠다. 특히 쑥스러움과 머쓱함을 수시로 느끼는데13), 익살은 이 쑥스러움을 감싸주는 역할을 하기도 한다.

결과적으로 익살스러운 표현은 감정 표현이 쑥스러운 작가의 어색함을 덜어주면서 성찰 행위에서 기인하는 진지함의 농도를 옅게 만든다. 그리하여 딱딱하고 심각해질 수 있는 글의 분위기

---

13) 매달아둔 시래기가 배고픈 짐승들의 먹거리가 되리라는 생각에 "괜히 우쭐하다가 짐짓 머쓱"해지며(「시래기 임자」), 엄마의 상황을 자의적으로 해석하고는 변명하는 행위를 "낯간지럽게" 느끼고 "머쓱"해 한다.(「꽃들의 아우성」)

를 누그러뜨리는 효과를 가져온다.

이는 "책을 내며"에서 언급한 '설교식' 글에서 멀어지는 방법이기도 하다. "예술성이라는 여과 과정 없이 설교식으로 쓰기" 싫었다고 고백하고 있으므로 이후승의 글쓰기는 교훈을 주려 하기보다는 재미를 중시하는 유희적 글쓰기 방식에 가깝다고 하겠다.

'사회적 관심사나 정치적 도덕적 세계사적인 이슈'를 정면으로 다루지 않는 까닭도 "정치적 사회적 역할과 기능을 토로할 자신감이 턱없이 부족했"기 때문이기도 하지만, "세상을 관념이라는 이름으로 가르고 잘라내는 방식이 거북했"기 때문이기도 하다. 곧 이후승은 익살스러운 표현으로 엄정함의 농도를 묽게 하면서, 경직된 이념의 글쓰기가 아니라 부드럽고 재미있는 글쓰기를 지향하고 있다.

에필로그―부지런한 작가의 초상

실질적 이익과 유용함을 중시하는 이 시대, 이후승은 게으르길 잘했다며 흐뭇해한다.

게으름 덕에 예상하지 못한 좋은 풍경을 얻었고, 누군가 즐거웠던 사람이 있다는 사실을 새롭게 터득했기 때문이다.

어떤 것에서도 의미를 길어 올려 성찰하는 그에게 새로운 깨달음은 아주 중요하다.

엄정하게 돌아보되 동시에 익살로 엄정함을 해체하며, 부족한 점을 끊임없이 채우고자 하는 이후승은 그 누구보다 부지런한 작가이다.

이후승 수필집

게으르길 잘했다

2023년 10월 20일 초판 1쇄 발행

지은이 이후승 | 펴낸이 김은영 | 펴낸곳 북 나비
출판신고 2007년 11월 19일 제380-2007-00056호
주소 04992 서울시 광진구 자양로9길 32 4층(자양동)
전화 (02)903-7404, 팩스 02-6280-7442
표지 본문 이미지 gettyimagesbank
booknavi@hanmail.net
블로그 www.booknavi.co.kr

© 이후승 2023
ISBN 979-11-6011-120-0 03810

※ 이 책은 이천문화재단의 '2022 모든 예술 31 경기예술활동' 지원사업으로 제작비의 일부를 지원받아 발간되었습니다.
※ 이 책의 저작권은 저자에게 있으며 출판권은 북나비에 있습니다.
※ 이 책의 전부 또는 일부를 이용하시려면 저작권자와 북나비의 동의를 받아야 합니다.
※ 책값은 뒤표지에 있습니다. 잘못된 책은 바꾸어 드립니다.